내 인생 훌라꽃이 피었습니다

글에는 작가 고유의 지문이 있습니다.
작가의 심리와 무의식이 반영된 자유로운 문체를 추구합니다
비문과 오문을 허용하며 글맛을 살렸습니다.

내 인생 훌라꽃이 피었습니다

김경부

생각의빛

제1장 훌라댄스가 뭐길래?

훌라 훌라, 훌라댄스가 뭘까? • 12

진정, 마음의 행복을 찾고 싶다면 훌라댄스!! • 18

알로하 인사부터 시작합니다 • 24

훌라인의 마인드는 특별합니다 • 30

지혜의 춤 훌라댄스, 춤추며 똑똑해져요 • 36

훌라댄스, 도전해보자 • 42

훌라 추면 인생의 중심이 달라진다 • 49

제2장 훌라댄스가 내 삶을 소중하게 변화시킨다

훌라하며 조금씩 나를 알아챈다 • 56

초몰입 세계, 훌라의 세계 • 62

가장 나답게!! 상상하고 꿈꾸며 현실이 된다 • 68

훌라세상, 내가 몰랐던 세상을 만난다 • 75

엄마로서, 아내로서, 한 인간으로서 변신 중이다 • 81

춤을 췄을 뿐인데, 삶이 변했다 • 88

나는 행복전도사 훌라캔디!! 행복하다 • 94

제3장 훌라댄스 추며 훌라에 빠진 여인들

하와이 훌라클럽을 소개합니다 • 101

춤추고 먹고 웃고 즐긴다 • 107

중년여성에게 훌라가 있어 천만다행이다 • 113

자발적인 훌라이벤트도 우린 개최한다 • 120

무대의 떨림과 뿌듯함이 삶의 활력소이다 • 126

훌라 언니, 훌라 동생, 훌라로 뭉쳤다 • 132

춤추는 생활예술인, 훌라여인들 • 138

제4장 훌라에 열광하는 진짜 이유

흔들흔들, 가볍게 흔들며 건강해진다 • 145

오색찬란한 의상과 소품에 황홀하다 • 151

맨발로 추는 훌라, 제대로 감각이 열린다 • 157

건강한 호흡, 몸과 마음의 평화는 덤으로 얻는다 • 163

훌라추는 순간에 부정적인 모든 것을 잊는다 • 169

훌라추며 훌라 가족이 생겼다 • 176

존재의 확인, 다시 되살아 나는 기쁨을 맛본다 • 183

제5장 훌라추며 인생 꽃 피워라

여행가듯 즐겁게 추는 것이 훌라이다 • 190

훌라댄스와 함께하면 힐링하고 성장한다 • 198

가슴뛰는 삶, 훌라의 삶을 내 삶으로 장착해라 • 205

생각지도 못한 표창장의 의미를 되새긴다 • 213

훌라댄스의 진정한 매력을 느껴봐라 • 220

훌라 붐, 한국에서도 이제 얼마 안남았다 • 226

훌라추며 인생에 훌라꽃 피워보자 • 233

제1장
훌라댄스가 뭐길래?

훌라 훌라, 훌라댄스가 뭘까?

　훌라댄스 하면 제일 먼저 생각나는 것이 만화주인공처럼 귀엽게 "훌라! 훌라!" 하며 춤추는 것을 쉽게 연상한다. 그리고 코코넛을 가슴에 장식한 의상을 입고 바나나 잎으로 엮어 만든 치마를 입고 요란하게 흔드는 장면이 떠오른다. 그래서 아주 재미있게 또는 빠르게 흔드는 것으로 생각한다. 훌라댄스는 다양한 춤의 모습이 있다. 하와이를 배경으로 만든 영화에서 할머니가 해변에서 춤을 추는 장면이 나온다. 그것은 제대로 재연한 모습이다. 그 장면을 보고 훌라댄스를 배우고 싶어서 하는 사람이 많다. 내 경우도 그렇다. 나이 들어도 편하게 춤을 출 수 있을 것 같았다. 단순히 운동으로 춤으로 단련하고 건강하기를 바라는 마음에서 시작했던 훌라댄스가 내 인생에서 다른 관점으로 다가왔다. 춤이라는 장르는 분명했다. 하와이 훌라댄스가 분명하다. 훌라춤을 추고 있는 사람이 보였다.

　한사람이 분명하게 보였다. 바로 나였다. 언제나 주체적인 내가 아닌 어느 무대에서든 조연 아님 엑스트라 같은 환경에서 서성거리고 있었다. 누군가의 눈에 두드러지게 나타나는 것을 왠지 불편해하고 사람들 틈에 파묻혀있어야 조금 마음이 편한 나였다. 어린아이 둘 키우며 직장생활을 하는 여자의 생활은 팍팍했다. 정확히 출근 시간을 지켜야 하므로 아침은 전쟁터와 다름없었다. 사람들에 시달리는 대중교통의 출퇴근길 매일의 일과였다. 그리고 어두워져 집에 돌아오면 숙제를 봐주고 다음 날을 위해 준비해야 했다. 그것이 내가 살아가야 하는 길이었다. 다른 방법은 없었다. 그런 생활이 익숙해져 있었다. 앞도 뒤도 돌아볼 수 없는 다람쥐 쳇바퀴 돌아가듯 아침이 오면 또 그다음 아침이 오면서 살아갔다. 점점 나는 뒤로 자꾸만 점점 뒤로 가버리는 듯했다. 나를 챙길 마음도 여력도 없었다. 하루하루가 아주 완벽히 빨리 지나간 것 같다. 아이들이 훌쩍 커버리면 시간은 조금 자유로운 듯하지만 책임질 무게가 더 커졌다. 두 아이 대학을 보낼 때면 학자금 대출을 받지 않게 하고 싶은 마음에 졸업할 때까지 책임져야 한다는 생각으로 뒷바라지를 했다. 그렇게 지금 나는 중년의 나이가 되었다. 여전히 나를 돌보는 습관이 없어서 우선순위에서 밀렸다. 나를 위해 무언가를 해주는 것이 불편했다. 하지만 훌라댄스를 하면서 달라졌다.

내가 나에게 주는 선물을 하기 시작했다. 대표적인 것이 파우였다. 훌라댄스를 할 때 입는 치마이다. 형형색색의 아름다운 꽃들이 프린터 되어있다. 빨강, 노랑, 보라 다양한 색의 파우를 입으면 기분이 좋아진다. 무조건 사기보다 한 단계를 마치고 또 나를 칭찬해주기 위해 샀다. 그것이 지금은 엄청 많은 나의 자산이 되었다. 수업할 때 다양한 파우를 입고 가면 회원들이 좋아하기 때문이다. 아름다운 것이 눈에 들어오기 시작하면서 나를 더 예쁘게 꾸미고 싶어졌다. 하와이 꽃을 장식하는 머리핀, 그리고 목에 걸고 춤을 추는 진주목걸이, 꽃으로 만든 장식들이 하나씩 늘어갔다. 평상시에 그렇게 장식을 하면 놀릴 것이 분명했다. 좀 이상하게 볼 것이 분명하다. 하지만 훌라댄스를 하는 사람들과 함께 있으면 너무도 당연하게 된다. 누가 더 이쁜가 대결이나 하듯 아주 예쁘게 꾸미고 장식을 한다. 자신이 원하는 색상을 가지고 자신에게 어울리는 모습으로 꾸미게 된다. 그렇게 장식한 내 모습이 거울에 비추어진다. 그렇게 춤을 추며 즐거워하는 내 모습이 보인다. 내가 어느새 주인공이 된 듯하다.

내 자리는 여전히 뒤에 있었다. 하지만 사람들 틈에 숨어있는 사람이 아닌 뚜렷하게 나 자신이 보였다. 당당하게 서 있는 그러면서 사랑스러운 내 모습이 보였다. 춤을 추며 행복해하는 나는 분명 주인공이었다. 서로 다른 모습에서 서로 비교하는 것이 아닌 서로 다른 존재를 인정해주고 서로 다른 것에 감탄하며 격려해준다. 서로가 그대로의 주인공이 되었기 때문이다.

연말이 되면 송년회를 한다. 그럼 장기자랑처럼 내가 좋아하는 훌라댄스를 보여 주곤 했다. 하지만 더욱 정교한 춤을 추고 싶어졌다. 우연한 기회에 하루 예술프로그램 클래스를 하게 되었다. 어쩜 의도된 과정이기도 했다. 혼자서 하기보단 함께 춤을 추고 싶었기 때문에 관심이 있는 사람들을 모집하고 싶었다. 중소기업 여성대표들을 위한 훌라댄스 수업이 진행되었다. 끝나고 다들 계속하고 싶다고 했다. 그리고 송년 발표회란 목표를 정하고 모임을 이어갔다. 2월에 시작해서 모임은 두 달에 한 번씩 1년을 모였다. 송년회가 가까워지니 연습 일정을 더 정하고 총력을 기울여 연습했다. 몸에 붙는 드레스 의상 덕분에 다이어트를 하기도 하고 처음으로 눈썹을 붙이며 화사하고 아름다운 분장을 했다. 얼굴만큼 커다란 꽃을 머리에 꽂고 환하게 웃으며 떨리는 마음으로 8명은 춤을 추었다. 많은 박수를 받으며 아주 짧은 순간은 지나갔다. 그 순간을 위해 긴 일 년이란 시간에 몸을 만들어갔다. 드디어 우리가 목표했던 무대에서 춤을 추었다. 아름다운 추억을 하나 예쁘게 남겼다. 그리고 조용히 온라인에서 헤어지려고 마음먹고 글을 올렸다. 모두가 바쁜 연말이기에 몇 날 몇 시에 좋은 덕담을 쓰고 단톡방에서 사라지자고 글을 남겼다. 그런데 이렇게 헤어질 수 없다고 만나자고 했다. 이유는 송년회 동영상을 보고 또 보는데 너무 좋았다고 한다. 그리고 1년 동안 수고한 내게 보답을 하고 싶다고 했다. 너무 부끄러워 조용히 지켜보았더니 1박 2일로 호텔에서 파자마 파티를 제안했다. 일이 점점 커지고 있었다. 그렇게 모두 참석하지는 못했지만 4명이 함께 했다. 우리는 유명한 가든을 방문하기로 했다. 저녁 식사를 우아하게 먹고 끝도 보이지 않는 조명이 즐비하게 장식된 거리를 걸었다. 오색찬란한 장식 앞에 사진을 찍다가 갑자기 훌라 영상을 찍자고 했다. 층계에서 거리에서 예쁜 장식이 있는 곳에서 지나가는 사람들 아랑곳하지 않고 우리는 훌라 삼매경에 빠졌다. 송년회 때보다 더욱 또렷한 기억이 되살아나는 듯 추위에도 한마음이 되어 춤을 추었다. 서로를 묶어주는 끈이 있는 것처럼 춤으로 하나가 되었다. 그 짜릿했던 영상을 모아 또다시 들여다보았다. 훌라댄스가 뭐라고 바쁘고 복잡하게 사는 사람들을 웃게 해주는 것일까? 훌라댄스의 매력에 흠뻑 빠져버린 사람들은 이 모임을 계속 유지하고 싶어 했다. 보람 그리고 만족을 느낀 사람들 계속된 행보를 통해 어떤 감정을 느끼게 될지 보이는 듯하다.

한 사람을 보게 하고 또 여러 사람이 모이면서 하나의 마음이 되게 하는 훌라댄스의 매력에 흠뻑 빠졌다. 단순한 춤을 추는 단계를 넘어 모두를 주인공으로 만들어준다. 내가 바라보는 관점을 바꾸어 놓았다. 잃어버린 나를 찾게 해주었다. 한사람 내가 얼마나 소중한 존재인지 더욱 실감하게 되고 인정하게 된다. 거울에서 바라보는 나를 사랑하게 된다. 어색하고 초라해 보였던 나의 모습이 점점 채색되어가듯 또렷해졌다. 모든 것이 훌라댄스를 하면서 시작되었다. 훌라댄스가 뭘까? 궁금해하는 사람들은 한번 해보면 알게 된다. 부드럽게 내 마음을 어루만지듯 점점 다가오게 될 것이다. 내가 그랬던 것처럼 한번 해보면 더 배우고 싶고 더 깊이 있게 알고 싶어진다. 점점 알면 알수록 빠져들어 간다. 훌라댄스 행복 전도사가 된 것처럼 변해갔다. 좋은 것이 있으면 나누고 싶어진 것처럼 내 마음도 그렇다. 조금 더 빨리 알았다면 더 행복할 수 있었을 것이다. 춤추면서 슬퍼할 때 위로해주고 괜찮아하며 용기를 주고 모든 걱정 다 날려버릴 수 있었을 텐데 하는 아쉬움이 생긴다. 그럴수록 내가 지금 하는 일들에 보람을 찾게 된다. 가장 소중한 것을 되찾아 머리와 마음에 장착하고 살아가는 하루가 감사 할 뿐이다. 훌라댄스를 하면서 자라난다. 내 꿈이 내 일상이 새로워진다.

   훌라 훌라 훌라댄스는 한 사람의 은인이다.

진정, 마음의 행복을 찾고 싶다면 훌라댄스!!

한강에 자주 가는 산책길이 있다. 그 길에는 갈대가 많다. 좌우로 쭉 늘어진 갈대 사이로 보이는 하늘은 참 예쁘다. 그런데 유독 보기 힘들 때가 있다. 몹시 추운 겨울이 되면 키가 점점 작아지면서 바싹 말라비틀어진 가지들이 사방으로 흩어져 앙상한 가지들만 널브러져 있을 때다. 겨울을 지나는 모든 나뭇가지는 앙상한 뼈만 들어내고 있다. 겨우 유지할 수 있는 모양만 남기고 있는 것 같다. 그렇게 무심코 별스럽지 않게 지나려 했다. 그런데 갈대밭의 험난해 보이는 모습들이 사람 사는 모습과 달라 보이질 않았다. 하늘 끝까지 닿을 듯이 기고만장해 있었던 갈대처럼, 영원할 것 같은 젊음의 열기가 점점 꺾여가고 있는 모습에 어느 순간 자신도 모르는 사이에 알게 된다. 자신의 초라한 모습을 그리고 뒤돌아서 무얼 하고 살았나 생각하면 아무 것도 없다는 것을 말이다. 그때부터 신체적인 변화에 마음이 따라가지 않게 되면서 우울해지고 삶의 의욕이 떨어지게 된다. 청소년기에 겪는 사춘기가 어른이 되면 갱년기로 찾아오게 된다. 어쩜 아주 쉽게 넘어갈 수도 있지만 대체로 몸에 이상이 생기는 경우가 있다. 잘못 사는 것은 아니지만 갑자기 자신의 모습이 초라해 보이고 무얼 하고 살았는지 허무하게 보이면서 자신감이 떨어지고 우울해진다.

나에게 폐경기가 일찍 찾아왔다. 46세 나이, 유전적인 것도 있지만 남들보다 빨리 찾아왔다. 한편으론 무척 편했다. 한 달에 한 번 찾아오는 손님이 귀찮고 번거롭고 불편했다. 그런데 어느 날은 앉아있기 무섭게 한 시간씩 화장실을 갈 정도로 양이 많아지더니 그다음 소식이 없었다. '이제 나는 여자로서의 운명은 끝난 것인가?' 하는 서글픈 생각이 날 때가 있었다. 그리고 점점 살이 찌기 시작했다. 55에서 66반이었는데 앞 배가 자꾸 나오니까 옷 스타일도 몸에 붙는 꼭 낀 옷은 피하고 가릴 수 있는 최대한 편한 옷을 선택하게 되었다. 일찌감치 고무줄 바지가 어찌나 편해지는지 앉아있을 때 조이는 느낌이 불편하니까 신축성 있는 고무줄은 너무 좋았다. 고무줄 종류도 쫙쫙 늘어나는 탄성이 좋은 것으로 고르게 된다. 패션의 끝은 편한 것이 되었다. 건강의 이상 신호가 왔다. 고혈압이란다. 아주 심한 정도는 아니지만 약을 먹어야 조절할 수 있다는 의사소견에 올 것이 왔구나! 생각이 들었다. 이것도 집안 내력이지만 조금 일찍 그것도 평생 먹어야 하는 약이기에 어떻게든 안 먹고 싶었다. 하지만 다른 장기기능에 영향을 줄 수 있는 필수적인 것이기에 꼭 조정을 해주어야 한다. 그래서 비타민 약 먹듯이 먹게 되었다. 이렇게 찾아온 신체적인 변화를 받아들이는 데는 시간이 필요했다. 오락가락하는 마음을 달래야 했다. 아주 왕성하고 건강한 전성기는 지나가고 낡고 볼품없는 초라해진 빈껍데기만 남아있는 느낌이 들었다. '이렇게 열심히 살면 무얼 해?' '누구를 위해서 살았는가?' 생각할수록 나 스스로가 불쌍하고 가여워 보였다. 누구 하나 관심이 없었다. 이제 내가 하고 싶은 데로 살고 싶다고 생각했지만 책임져야 할 가족들이 있기에 참아야 하고, 견뎌야 한다는 생각이 마음을 짓눌러버리는 듯했다. 그때 내게 운명같이 찾아온 것이 훌라댄스였다. 몸을 움직이며 담아두었던 가슴의 스트레스를 날려 보내는 느낌이 들었다. 부드러운 골반의 흔들림과 단순한 손동작은 아무것도 생각나지 않았다. 오로지 그 시간에 흐르는 음악에 집중할 수 있었다. 편안한 동작에 사로잡혀 자연의 아름다운 해변에서 춤을 추는 듯 즐거워졌다. 행복이 찾아왔다. 오락가락하는 감정의 기복을 중립으로 만들면서 편안해졌다. 매일 하는 것이 아니다. 수업시간, 토요일만 기다려졌다. 내가 그곳에 있으면 마음이 정말 편안해졌다.

우연한 기회에 공연에 도전했다. 그것도 홍콩페스티벌이었다. 몇몇 잘하는 사람들 틈에 끼어 두려움을 가지고 연습을 했다. 실수할까 봐 걱정되었다. 그리고 드레스를 예쁘게 입으려면 뱃살을 없애야 했다. 실력과 보기 좋은 외모는 댄서가 갖추어야 할 기본 매너 같았다. 그래서 다이어트를 결심했다. 최대목표는 출렁거리는 뱃살을 없애는 것이었다. 최대한 6시 이후에는 뭐든 먹지 않았다. 예전엔 저녁 드라마를 보면서 야식을 먹는 것이 꿀맛이었다. 그것을 딱 끊고 아침도 소식으로 점심만 제대로 먹었다. 운동은 걷기를 했다. 최대한 20분 이상은 걷기로 마음먹었다. 저녁에 무조건 걸었다. 공연이 임박할수록 마음이 초조해졌다. 마치 한국을 대표 하는 선수로 출전하는 느낌이 들었다. 리허설하는 날에도 여전히 부자연스러운 동작이 나오면 숨고 싶은 상태였다. 순서는 제대로 외웠는데 뭔가 어설프다고 할까 그것은 아직 훌라댄스가 내게 맞춘 옷처럼 자기화시키는 미숙함에서 오는 것일 것이다. 그래도 함께 할 수 있다는 감사함으로 겸손함으로 즐거워했다. 다이어트도 성공하고 공연도 잘 끝냈다. 지금도 그때의 사진을 보면 아주 기분이 좋다. 어렵게 얻어낸 결과이기에 그럴 것이다. 훌라댄스가 내 생활에 스며들면서 조금씩 활력을 되찾기 시작했다. 한 단계 한 단계 밟아가면서 더 깊이 있게 빠져들어 가는 기분이 든다. 내가 좋아하는 것을 찾아서 그것을 숙련할 수 있다는 것이 좋았다. 어설프게 배웠던 처음 동작이 자꾸 반복하고 연습하면서 부드럽고 자연스럽게 표현될 때의 희열은 이루 말할 수 없다. 누군가에게 보이기보단 나 자신의 한계에 도전하고 그것을 해낼 때의 자신감은 나를 더 자랑스럽게 만들어주었다. 그것을 내가 알아버리고 느끼면서 훌라댄스가 좋아지기 시작했다. 하면 되는구나! 노력하면 만들어지는구나! 아주 소중한 경험이 생겼기에 무엇이든 할 수 있는 자신감이 생겼다. 그리고 내게 준 훈장이 하나 생긴 것처럼 영원히 간직될 것이다.

마음의 행복을 훌라댄스 하면서 찾았다. 우울하게 지냈을 나의 갱년기 시절에 만난 보물, 훌라댄스를 만났다. 운명처럼 보게 된 유튜브 화면의 감동이 이렇게 나의 일상을 바꾸어 놓았다. 이것을 배우려면 어떻게 해야지? 하며 찾아서 시작했던 첫 시도가 너무 고맙다. 행복은 그냥 얻어지는 것이 아니다. 내가 찾아야 찾아온다. 가만히 있으면 쏟아지는 비나 눈이 아닌 내 노력으로 나의 선택으로 더욱 확실해진다. 그래서 저절로 찾아올 거라는 막연한 기대는 없어야 한다. 행복은 선택이다. 행복은 내가 찾아야 한다. 그러기 위해선 노력해야 한다. 훌라댄스를 하기 위해 내 눈높이에 맞는 곳을 찾아서 시작해야 할 수 있다. 남들이 하는 것을 부러워하지 말고 할 수 있다는 조그마한 가능성이 있다면 해보면 된다. 그럼 느껴지는 것이 생긴다. 자신에게 맞는 옷을 찾으려면 입어봐야 알듯이 경험해보면 느낌이 온다. 이제는 끝이 아니라 시작이라는 것을 안다. 중년의 나이에도 할 수 있는 것이 너무 많다. 꺾어지는 갈대도 봄이 되면 다시 활력을 찾아 꼿꼿하게 세우고 바람에 흔들리며 여유 있게 서 있을 것이다. 따듯한 봄은 인생에도 무수히 찾아올 것이다. 끝까지 혹독한 겨울을 이겨내고 따듯한 계절의 변화를 수용하고 받아들이면 된다. 인생의 꽃은 여기에서 멈추지 않고 계속 조금씩 피어날 것이 분명하다. 훌라댄스 하면서 마음을 정리하고 마음 깊은 곳에서 느껴지는 행복을 찾았다.

알로하 인사부터 시작합니다

내가 사는 시대에 전쟁이 일어났다. 예전 전쟁영화를 보면 비극적인 장면들이 많이 나와 다시는 있어서는 안 된다고 생각했다. 그런데 러시아와 우크라이나가 전쟁하고 있다. 수많은 평범한 시민들이 희생되고 울부짖고 있었다. 참혹한 현장의 장면을 보면 이 현대에 사는 모두가 달라 보였다. 굶주리고 배고파서 우는 아이들을 보면 가슴이 아팠다. 전쟁이라는 위태로운 상황에서 어찌나 가엾고 불쌍한지 모른다. 우리가 사는 세상은 아무런 아픔이 없고 평화로웠으면 좋으련만 그것은 꿈같은 일인가! 물리적인 상황에서의 전쟁이 있지만, 또 다른 마음속의 전쟁이 일어난다. 사람들과 관계를 맺으며 살고 있으므로 여러 가지 갈등이 생기게 된다. 크고 작은 이해관계에서 비롯된 갈등이 해결되지 않은 상태에서 마음에 고스란히 남아 괴롭힌다. 그것이 스트레스로 쌓이게 되면 예기치 않았던 병이 생기기도 한다.

하와이의 인사법 중 '알로하(Aloha)'라는 단어가 있다. 엄지와 새끼손가락을 펴고 가운뎃손가락은 접은 채 흔든다. 일반적으로 "안녕하세요." 또는 "안녕히 가세요."라고 말하는 데 사용된다. 누군가의 존재를 인정하거나 대화를 시작하는 따뜻하고 환영하는 인사방법이다. '알로하'라는 단순한 인사말뿐만 아니라 그 이상의정신을 의미한다. 사람과 자연의 조화를 이루는 '알로하 정신(Aloha Spirit)' 긍정의 의미를 포함한다. 훌라댄스를 하면서 더욱 친근하게 배운 단어이다. 너무도 자연스럽게 훌라를 시작하기 전 누구를 만나든 '알로하' 인사를 한다. 이 손동작을 '샤카 사인(Shaka Sign)'이라고 하는데 다양한 유래가 있지만, 한가지 기억나는 것이 있다. 사탕수수 농장에서 일하는 농부가 사고로 가운데 세 손가락을 잃어버렸다고 한다. 그래서 만나면 손을 들어 흔드는데 자연스럽게 엄지와 새끼손가락이 보였고 그 모습을 본 다른 사람들이 똑같이 손동작을 따라 했다는 이야기이다. 다른 사람을 배려한 따뜻한 마음에서 만들어졌다.

'알로하(Aloha)'라는 단어는 두 개의 하와이 단어로 구성되어있다. 하와이어로 '알로(Alo)'는 앞, 얼굴을 뜻하지만, 존재, 공유라는 의미로도 번역될 수 있다. '하(ha)'는 생명의 호흡을 뜻한다. 단어의 의미를 합치면 생명, 호흡의 중요성을 강조한다. 삶을 타인과 인정하고 공유하려는 마음에서 비롯되었다는 것을 알 수 있다.

'알로하(Aloha)'라는 단어를 글자별로 살펴보고 그 의미를 생각해 본다.

A – 아호누이(Ahonui)

첫 글자 'A'는 인내를 의미한다. 인내의 개념은 하와이 문화의 기본이다. 시간을 갖고, 이해하고, 차분하고 인내심 있는 태도로 삶에 접근하는 것의 중요성을 강조한다.

L – 로카히(Lokahi)

문자 'L'은 화합을 의미한다. 하와이 사람들은 공생과 상호 연결에 큰 가치를 두고 있다. 사람들이 함께 모여 조화롭게 일하고 집단정신을 높이 평가하도록 장려한다.

O – 오루오루('Olu'olu)

문자 'O'는 친절을 의미한다. 사람들이 다른 사람들과의 관계에서 친절하고 정중하며 사려 깊게 행동하도록 권장한다. 따뜻하고 친근하게 서로를 대하는 것이 중요함을 강조한다.

H - 하하하(Ha'aha'a)

문자 'H'는 겸손을 의미한다. 하와이 사람들은 겸손을 다른 사람에 대한 존중과 모든 존재의 상호 연결성에 대한 깊은 감사를 키우는 미덕으로 소중히 여긴다.

A - 아호누이 (Ahonui)

'알로하(Aloha)'의 두 번째 'A'는 다시 인내의 중요성을 강조한다. 반복은 인내의 지속적인 특성과 긍정적인 관계를 만드는데 인내의 역할을 강조한다.

사랑의 마음을 다해 환영하고 서로 인사를 나누는 것은 아주 중요한 것 같다. 훌라댄스를 그냥 몸을 단련시키는 것으로만 생각한다면 다양한 운동의 한 종류 중 하나라고 여길 수 있다. 하지만 알로하 정신이 포함된 춤이기에 다르다. 서로에게 긍정적인 에너지를 주면서 가치를 인정해주고 공감해주는 의미가 있다.

어느 날, 훌라수업준비를 하는데 바닥에 꽃핀이 하나 떨어져 있었다. 지나가다 누가 떨어졌나 하고 생각했다. 누구도 그것을 주우려 하지 않았다. 그래서 물어봤다. "꽃핀 떨어졌어요" 그랬더니 한 회원이 빙그레 웃으며 나에게 이야기한다. "선생님, 자리 맡은 거예요"

속으로 웃음이 나왔다. 자리를 맡으려고 했다니 일찍 와서 정 중앙은 부담스럽고 앞줄에 서고 싶은데 그 자리는 모두가 선호하는 자리이니 꽃핀으로 표시를 해두었다는 것이다. 그것을 마다하지 않고 모두가 인정해 준 모양이다. 빨간 꽃핀이 바닥에 보일 때 이제 누군가 설 자리를 표시하는 것으로 이해했다. 다른 사람을 존중해준다는 것은 내 기준에서 해석하면 힘들어진다. 그 사람이 생각하는 기준에서 타당성을 염두에 두면 이해가 된다. 그 사람 처지에서 생각하면 섭섭할 것도 아쉬울 것도 없어진다. 모두가 자신이 세워놓은 기준에 의해 다른 사람을 평가하니까 부족하고 못마땅히 여기게 된다. 조금 더 넓게 생각하면 이해가 된다. 그것이 존중해주고 공감해주는 자세이다.

'알로하'라고 말하는 순간부터 웃음이 나온다. 엄지와 새끼손가락을 만들면서 흔든다. 나와 또 다른 사람이 있다는 것을 인정하고 함께 춤을 추기 위해 모인 사람들이 소중하다는 것을 느낀다. 나이 차이가 나면 얼마나 나겠는가? 모두 젊을 때가 있고 나이 들어 겉모습이 흰머리가 생기고 주름이 생기는 것은 자연적인 현상이다. 누구든 그 과정은 거쳐 지나간다. 아주 예쁘고 고상하고 품위 있게 나이 들어가는 것은 자신의 몫이라고 생각한다. 그것을 유지하기 위해 무엇을 먼저 생각해야 할까 성형이 답은 아니다. 그 사람의 내면에 어떤 마음을 가지고 있느냐가 더욱 중요하다. 사랑하는 마음, 친절하게 대하는 모습, 서로를 존중하고 이해하는 마음이 가득한 사람은 누구에게나 선한 영향력을 준다. 당연히 아름다운 분위기가 만들어진다. 훌라 하며 하나의 동작을 똑같이 따라 한다. 자연이 주는 아름다운 풍경을 노래하듯 춤을 춘다. 서로의 마음도 춤도 하나가 되려고 노력한다. 다른 사람들과 조화롭게 나누며 살아가는 것을 저절로 배우게 된다. 알로하 정신을 통해 서로 친절하려고 인내하면서 조화를 이루려고 한다. 겸손하게 서로를 존중해주며 아름다운 춤을 배운다. 알로하 인사를 나누며 자연스럽게 배운다.

훌라인의 마인드는 특별합니다

훌라를 하는 사람이 되었다. 훌라를 좋아하는 사람이 되었다. 훌라를 가르치는 사람이 되었다. 그래서 내 주변엔 훌라에 빠져 살아가는 사람들의 모습을 흔히 볼 수 있다. 내가 훌라댄스라는 신세계를 만날 때도 모든 것이 좋았다. 노래의 가사에 맞춰 표현하는 하나하나가 아름다웠다. 기본을 다지기 위해 반복해서 연습하는 시간도 행복했다. 하와이 꽃 그림이 그려진 치마를 입고 꽃핀을 장식하면 마치 하와이 해변에서 춤추고 있는 상상을 해본다. 한여름의 뜨거운 태양 빛을 통과하면서, 봄기운에 살랑 부는 꽃바람을 가르며, 눈 덮인 눈가지를 보며, 바닥에 흩날리는 낙엽을 밟으며, 훌라 하러 가는 길은 즐거움이었다. 서서히 훌라를 사랑하는 훌라인이 되었다. 하면 할수록 더욱 좋아지는 훌라는 점점 나를 변하게 했다. 춤을 추는 사람이 춤을 어떻게 대하는지 알게 된다. 훌라를 품은 훌라인의 정체성을 점점 갖추게 된다.

훌라인의 특별한 점이 무엇일까? 생각해 본다.
첫째, 훌라인의 기본은 밝은 미소에 있다.
얼굴은 마음의 창이라고 했다. 가사에 맞추어 춤을 추다 보면 저절로 가사를 연상하게 된다. 내 마음에 받아들인 단어가 확장되면서 온몸에 빠르게 퍼져 풍성하게 표현을 한다. 환영한다는 표현을 하고 있으면 앞에 많은 사람이 모여있는 느낌이 든다. 그리고 어서 오시라는 마음으로 변하면서 표정이 반가움으로 변한다. 사랑스러운 꽃을 하나 들고 향기를 맡을 때의 표현으로 춤을 추는 동작은 내가 좋아하는 꽃밭에 앉아서 꽃들의 생김새를 이리 보고 저리 보며 감탄하는 얼굴로 변한다. 4박자 속에 빠른 춤의 전개가 펼쳐지면서 아주 많은 세계를 돌고 온 느낌이 든다. 연신 웃으면서 말이다. 이런 연습을 수도 없이 하는데 자연스럽게 표정이 변하는 것은 당연하다. 억지로 만들어진 인위적인 것이 아닌 자연스럽게 만들어진 미소는 볼수록 매력적이다. 계속 보고 싶다. 사람들은 느낀다. 얼마나 훌라에 몰입하면서 춤을 추고 있는지 그리고 그것에 얼마나 진심인지 분명히 알 수 있다.

둘째, 훌라인은 나누기를 좋아한다.

훌라를 하다 보면 잘하기 위해선 반복을 많이 해야 한다. 무작정 따라 하기식도 좋지만 어떤 목표가 있으면 열중하게 된다. 그래서 책 한 권 다 공부하면 책거리를 하듯이 춤을 다 추면 춤 거리를 하자고 제안했다. 우리만의 발표회이다. 혼자가 아닌 팀을 나누었다. 혼자 추는 춤보단 함께 추면 의지가 된다. 조금 잘하는 사람의 뒤에서 편하게 할 수 있으므로 부담을 덜 해주기 위해서다. 그러려면 함께 모여 이야기를 자연스럽게 한다. 그럼 한 사람의 존재가 귀하다는 것도 자연스럽게 배우게 된다. 서로 의상도 의논하고 연습도 몰입감 있게 생각을 하면서 춤을 춘다. 이 효과를 만들기 위해 루틴을 만들었다. 그럼 약속도 하지 않았는데 각각 음식을 준비한다. 진짜 떡을 준비한다. 쑥을 듬뿍 넣은 떡을 따뜻할 때 먹게 하려고 노력을 하면서 정성껏 가져온다. 시루떡을 한 사람씩 가져갈 수 있도록 담아서 그 무거운 걸 가져온다. 음료수, 과일 등 모두 한가지씩 꺼내오면 금세 파티처럼 변한다. 서로가 즐기며 나누는 모습을 보면 흐뭇하다. 준비하면서 얼마나 기뻤을까 생각하니 더 감사하다.

셋째, 훌라인은 뒷모습이 아름답다.

보통 훌라 하는 장소는 대관한다. 넓은 평수에 거울을 단 장소를 운영하기는 어렵다. 그래서 물색을 해보면 대관하는 장소를 쉽게 찾을 수 있다. 보통 시간당 만 원 정도면 구할 수 있다. 보통 2시간을 빌리면 한번 모임은 충분하게 진행할 수 있다. 그것도 지역주민이면 할인도 가능하다. 그래서 정기적인 모임이 가능하다. 대체로 보면 뒷정리를 깔끔하게 해놓고 간다. 다시 사용해야 하므로 장소에 대한 고마움도 있고 연습하고 난 뒷정리는 기가 막히게 한다. 이른 시간에 후다닥 처리한다. 그리고 옷을 갈아입고 웃으며 헤어진다. 자신을 아름답게 가꾸는 사람들은 앞모습뿐만 아니라 뒷모습에도 향기가 난다. 그걸 참 많이 느낀다. 헤어질 때가 어쩜 중요하다는 생각을 한다. 누구든 처음은 야심 차고 쉽게 시작할 수 있지만, 마무리를 잘 하려면 어렵다. 그것도 평소에 연습하면 쉽게 될 수 있다는 생각을 한다. 아름다운 뒷모습을 유지하기 위해선 다음을 꼭 생각해야 한다는 것도 말이다.

넷째, 훌라인은 모두에게 친절하다.

처음 만나는 사람들과 춤을 춰야 한다. 오랜 친분이 있는 사람만이 아니라 멀리서 훌라댄스를 배우려고 오는 사람들이 생긴다. 함께 춤을 추는 사람들의 나이도 차이가 있다. 40대 초반에서 70대 초반까지 다양한 연령대가 있다. 그럼 조금 친해지면 나이를 궁금해한다. 그리고 언니라는 호칭이 따라온다. 나이로 질서가 잡힌다. 어느 그룹을 가든 비슷한 현상이 생긴다. 물론 유독 끼리 친하게 지내는 사람들도 있다. 하지만 대체로 몸으로 하는 표현을 하다 보면 그리고 거울을 보면서 춤을 추기 때문에 거울에 비친 다른 사람들이 눈에 들어오게 되어있다. 그래서 누가 누군지 금방 익히게 된다. 각양각색의 특성이 있다. 살아오는 과정이 다 다르듯이 본인만의 특성이 있다. 대체로 그것을 존중해준다. 그리고 예쁘게 꾸미고 오면 칭찬을 아끼지 않는다. 언제 머리에 꽃을 꼽아 보겠는가? 그 시간이 돌아오면 노란빛으로 빨간색으로 보라색으로 아주 예쁘게 꾸미고 오는 사람들에게 다가가서 바라본다.

살면서 누군가에게 칭찬을 듣는 일은 드물 것이다. 아무렇지 않게 스스럼없이 예쁘다고 말해준다. 진짜 예쁘니까 예쁘다고 이야기한다. 인사말이 아닌 것을 본인은 더 잘 안다. 느낀다. 그것이 좋아 점점 예뻐진다.

나도 홀라인의 특별한 마인드를 가졌다. 누구든 차별 없이 바라보려고 한다. 먼저 배운 사람이든 나중 배운 사람이든 나이가 많든 적든 모두가 아름답다. 왜냐하면, 우린 특별한 존재이기 때문이다. 이 세상에 단 하나밖에 없는 사람이다. 내가 선택할 수 있는 것은 한계가 있다. 내가 이 땅에 우리 엄마, 아빠를 만나 이 세상에 왔다. 그 시작부터 나에게 주어진 운명이다. 누구든 행복할 권리가 있다. 그리고 행복해야 한다. 그것은 내가 선택할 수 있다. 마음먹기에 달려있으니까 행복과 불행의 차이는 마음에 달려있다. 어느 기준에서 바라보느냐에 따라 달라진다. 행복한 기준에서 생각하면 정도에 차이는 생기겠지만 더욱 행복을 느끼게 된다. 훌라인이란 정체성은 특별함을 느낀다. 행복한 춤을 추면서 예쁜 미소를 선물하고 동작에 담긴 따뜻한 표현들을 보여줄 때 설레고 기쁘다. 자연을 노래하는 시인처럼 몸으로 시를 춤을 추며 표현한다. 한 곡이 끝나고 몰아쉬는 숨을 정리하면 전율이 흐를 때가 여러 번 있다. 그래서 한 곡 끝날 때마다 나는 자연스럽게 박수로 마무리를 하게 된다. 자동으로 나오는 기쁨의 박수일 것이다. 마음은 어떤 것을 담느냐에 따라 다를 것이다. 다양한 작품을 만나 그림 그리듯 춤을 추면서 살아간다. 아름다운 인생을 그림 그리듯 아름답게 살고 싶다. 그것을 바라보는 사람들을 위해 계속된 성장이 있기를 바란다. 춤이 아름다워질수록 훌라인의 마인드 또한 특별해질 것이다. 척하기보단 진심으로 우러나오는 진짜의 삶이 춤으로 살아지길 바란다.

지혜의 춤 훌라댄스, 춤추며 똑똑해져요

새로운 곡을 창작 중이다. 공연단을 만들고 주제곡처럼 한가지는 있어야겠다는 생각을 했다. 그리고 곡을 정하곤 여러 번 반복해서 듣고 또 듣는다. 동작의 실마리가 만들어지기까지 반복해서 듣는 것은 중요하다. 좀처럼 떠오르지 않기에 마음이 답답했다. 이제 동작을 가르쳐야 할 시기가 다가오기 때문이다. 공연날짜는 정해져 있기에 미리 연습을 해두어야 한다. 그래서 한강공원 산책에 나섰다. 당연히 걸으면서 음악을 들었다. 늘 자주 가던 길이기에 익숙했다. 사시사철 계절의 변화를 느끼며 산책로를 걸어갔다. 유독 눈에 들어오는 것이 있었다. 차디찬 겨울 한가운데 갈대밭이 보였다. 내 키보다 무성한 갈대들이 바람에 한들거리며 예쁜 하늘을 보여줬는데 색이 어두 칙

칙하게 변했다. 모두 쓰러져버려 볼품없는 갈대숲만 존재했다. 몇 개의 갈대만 있었다. 마치 우리가 살아가는 인생과 같아 보였다. 황폐함 속에서 고통받는 자들의 울부짖음 같기도 했다. 그래서 동작의 영감이 떠올랐다. 실마리가 풀리니 동작이 하나둘 연결이 되기 시작했다. 그렇게 완성이 되었다. 다행히 시간 안에 창작할 수 있었다. 없는 것에서 있는 것으로 만들어지는 창작의 세계는 신비롭다. 내가 느끼는 감정을 사실적으로 표현해주어야 한다. 그리고 개인적인 감정이 객관적인 동작으로 만들어져 공감이 이루어진다. 그것을 춤을 추면서 고백이 된다.

　훌라댄스 곡은 보통 3분에서 6분까지 다양한 곡이 있다. 보통 간단한 것은 한 절로 구성되지만 4절까지 있는 경우가 많다. 그럼 가사에 맞는 동작을 암기하고 기억해야 동작이 연결된다. 배우는 과정에서 앞 가사나 의미를 선창하듯 불러주면 그때 기억이 나서 동작을 따라 할 때가 참 많다. 선사 문화축제 공연을 준비하는 때였다. 그날은 아침부터 비가 내리기 시작했다. 우산을 들고 갈 수밖에 없었고 현장에 가니 밤새 비가 내려서 무대 안쪽까지 물이 많아 치우고 있었다. 처음 공연을 서는 사람들이 많아 무대에 서서 리허설을 충분히 할 생각이었지만 그럴 수가 없을 것 같았다. 3곡을 메들리로 만들어 그리 긴 시간이 아니었어도 점점 긴장감은 고조되었다. 처음 눈썹을 붙이며 평소보다 진한 화장으로 곱게 단장했다. 텐트 안에 빗물이 떨어지면서 밖에는 제법 빗방울이 떨어졌다. 그냥 우두커니 앉아있을 수가 없어서 의자를 동그랗게 만들고 앉아 음악에 맞추어 연습했다. 다른 팀들이 있기에 큰소리로 음악을 들을 수도 움직일 수도 없었다. 모두가 동작의 순서를 기억하며 따라 할 뿐이다. 그리고 각자 싸 온 간식을 오순도순 모여있는 상태에서 나누어 먹었다. 또 밖을 보니 빗방울이 적어졌다. 우산을 들고 밖으로 나가 발 스텝을 연습했다. 한 손에는 우산을 들고 모두 동선을 체크하며 집중하는 모습이 우습기도 하고 인상적이었다. 다음 동작을 기억하기 좋게 '나무' '바다' 하면 동작이 생각날 것 같다고 불러달라고 한다. 그래서 무대의 긴장감에 틀리지 않으려고 노력하는 모습이 참 예뻐 보였다. 그렇게 한참 대기실에서 웃으며 연습하고 먹고 그러는 사이에 공연시간이 다가왔다. 그런데 거짓말처럼 오던 비는 그치고 햇빛이 보이기 시작했다. 주최 측이 참 바빴다. 관중에게 처음에는 우비를 주고 나중에 모자를 나누어주었다. 한마음처럼 12명이 예쁘게 춤을 추었다. 내가 선창하려던 것도 음악 소리에 묻혀서 들리지 않았다. 그래도 위안이 되었을 것이다. 무대를 지켜본 사람 중 아는 사람을 만나 반가워 사진을 찍고 무대에서 춤을 추는 사진이나 영상을 보내주기도 했다. 하나같이 춤추는 예쁜 여인들이 웃으며 자연스럽게 춤을 추고 있었다. 실수할까 봐 걱정하던 모습은 어디 가고 여유 있게 춤을 추는 모습은 정말 사랑스러움 그 자체였다. 집에서 수없이 반복연습을 했다고 한다. 나이 들어 암기하는 것은 쉬운 것이 아니다. 그 많은 가사를 기억하면서 춤을 추려면 얼마나 큰 노력을 했는지 알 수 있다. 똑똑해지는 비결은 반복해서 연습하고 계속 상상하며 춤을 추어야 한다.

훌라댄스가 지혜의 춤이라는 것을 어떻게 이해할 수 있을까?
훌라댄스는 스토리를 담고 있다. 단순히 반복적인 동작만 하는 것이 아니라 그림 그리듯 손으로 가사를 표현한다. 가사에 충실한 동작 하나하나를 암기해야 한다. 가사에 담고 있는 것을 손동작으로 표현한다. 마치 수어처럼 말이다. 오래전 하와이에서 훌라 하며 의사소통을 했다는 이야기를 들었다. 그만큼 의미와 정확한 동작을 통해서 춤의 완성도를 높인다. 동작을 예로 들면 꽃이 핀다는 표현을 할 때 네 손가락을 세워 엄지손가락을 손끝에 대면 꽃이 된다. 오므렸던 손을 짝 벌리면 꽃이 핀다는 표현이 된다. 참 아름답다. 꽃도 예쁘지만 그 꽃이 손안에서 피어진다는 것이 처음에는 참 신기했다. 아기자기한 표현을 하며 마음이 즐거워진다. 바람, 나무, 태양 등 하와이음악에 나오는 아름다운 자연을 손으로 몸으로 표현한다. 춤추는 사람들의 손동작, 얼굴표정, 몸으로 표현하는 동작들이 어우러져 하나의 스토리가 된다. 이것이 다음 세대에 전해져서 현재의 춤의 형태가 이루어진다.

훌라댄스는 꽃, 산, 바다에서 영감을 받은 움직임과 같은 자연의 모습들을 그대로 표현하기 때문에 단순한 움직임이 아니라 또 다른 심오함이 있다. 자연스러운 동작을 반복하면서 느껴지는 편안함이 때론 힐링이 된다. 그러면서 몸과 마음이 정화된다. 어쩜 지혜로움은 복잡함을 벗어나 간접적으로 자연을 노래하며 몸으로 춤을 추며 몸으로 표현하는 일체감에서 느껴질 수 있다. 춤을 추며 걱정했던 것 모두 사라지고 오로지 춤에 집중하게 된다. 마음의 정화는 새로운 또 다른 에너지를 공급받게 된다. 이것이 지혜의 첫 마음이다.

훌라댄스는 단순한 오락의 춤이 아니다. 오래전 하와이에서 내려온 기본적인 정신과 동작이 어우러져 있다. 흥에 겨워 춤을 추는 것을 떠나 한 동작을 만들기 위해 한 호흡으로 표현해야 한다. 전통적인 훌라댄스는 오래전부터 계승되어 온 훌라선생님에게 배워서 그것을 전수하고 지키며 문화적인 가치를 존중해왔다. 그래서 하와이에서는 의상 하나도 중요하게 생각한다. 소중하게 다루고 만든다. 그 정신을 존중하면서 더욱 기본에 충실해지려고 하는 것이 그 이유이다.

훌라댄스를 하면서 똑똑해진다. 훌라댄스의 효과 중 기억력을 도와준다고 생각한다. 수많은 가사를 기억하고 동작을 암기하는 시작부터 똑똑해지는 느낌이 든다. 단순 동작이 아니라 손과 발이 자유자재로 움직이는 것이 쉬운 일은 아니다. 처음에는 어려워했다. 손 따로 발 따로 이리저리 움직일 때 도저히 할 수 없을 것 같았다. 하지만 반복하면서 빠른 음악도 익숙하면 천천히 들리기도 한다. 동작의 완성도가 높아지면 박자에 유의하면서 신기하게 동작을 할 수 있다. 처음 새로운 곡을 배울 때는 못할 것 같이 엄두가 나지 않는다. 암기하는 나만의 노하우가 생긴다. 1절에 자신감이 생기면 곧바로 이어진 가사가 암기된다. 가사는 한 편의 시와 같다. 한 단락에 나오는 가사 핵심단어에 유의하며 동작을 표현하면 연결고리가 생긴다. 키워드끼리 연결하면서 동작을 이어나가면 기억이 난다. 지도할 때에 다음 동작을 이야기한다. 다음 동작을 기억해서 춤추기 한 박자 전에 단어를 외친다. 따라 하는 사람들이 연상작용을 해서 춤을 잘 추게 만드는 나만의 비법이다. 한 동작을 정성껏 표현하는 마음이 더욱 몰입감을 준다. 춤에 푹 빠진 사람들이 모여 같은 동작으로 같은 표정으로 가사 하나하나의 의미를 생각하며 춤을 추는 것만으로 행복하다. 충분히 호흡하면서 몸을 움직이며 서로가 주는 긍정적인 에너지를 느끼며 지혜의 춤을 춘다. 추면 출수록 빠져들어 가는 훌라댄스의 매력, 몸도 마음도 건강해지는 것은 당연하다. 지혜의 춤, 훌라 하면서 똑똑해지길 권유해 본다.

훌라댄스, 도전해보자

훌라 공연단 단원의 이야기이다. 어떤 행사에서 주방봉사를 하고 있었다고 한다. 한쪽에서 예쁜 드레스를 갈아입는 출연자를 발견했는데 그 모습이 너무도 예뻐서 '나도 저것 배우고 싶다' 마음으로 결심했다고 한다. 그리고 그 춤이 훌라댄스라는 걸 알게 되었고, 가르치는 곳을 물어물어 수소문했다고 한다. 60살이 훌쩍 넘은 나이이지만 하고 싶은 마음이 커서 먼 길이지만 찾아가서 배웠다고 한다. 조금 많은 시간이 흘렀고 이제 공연단이 되어 꿈만 같다는 이야기를 한다. 아무 연고도 없지만 하고 싶은 마음에 도전해보는 용기가 너무 좋았다. 누구보다 훌라댄스에 대한 열정과 마음은 진심이고 열심히 배우려고 노력하는 모습을 옆에서 지켜본다. 얼마나 간절하게 하고 싶었을까 춤을 그전부터 추었던 상황은 아니다. 처음 시작부터 배우고 싶은 마음이 처음 시작하는 두려움을 설레임으로 바꾸어 놓았을 것이다. 무엇이든 처음 시작은 있다. 그때 '이 나이에 뭘 해?'라고 생각하는 순간부터 발목을 잡게 될 것이다. 하지만 시작하고 나서 좋은 만남으로 이어져 평소 하고 싶었던 것을 찾아서 조금씩 다듬어 가고 있다. 처음 도전이 만들어낸 행운 아닌가?

처음 훌라댄스를 알게 된 동기는 유튜브였다. 찬양을 들으려고 유튜브를 찾았는데 그 음악에 맞추어 춤추는 모습이 검색되었다. 흰 드레스를 입고 머리에는 꽃으로 만든 화환을 하고 있었다. 생소한 의상이었다. 마치 결혼식을 준비하는 신부처럼 고운 모습이었다. 그리고 춤을 추는데 노래 가사와 움직임이 마치 하나가 되어 깊은 울림을 주었다. 무엇보다 춤추는 사람의 표정과 깊이 빠져서 찬양과 일치감을 주는 모습이 좋았다. 그래서 배우고 싶다는 생각이 들었다. 훌라댄스라는 것을 알게 되었다. 처음엔 하와이 여인들이 해변에서 코코넛으로 장식된 의상과 잎사귀 무성한 치마를 두르며 골반을 흔드는 춤으로 생각했다. 나중 춤의 종류가 다양하다는 것을 알게 되었다. 춤을 추는 사람이 한국 사람이었기에 바로 검색을 해봤다. 부산에 살고 있어서 배우기는 조금 어려울 것 같았다. 하지만 단번에 끝낼 것이 아니라 오래 춤을 추고 싶었다. 다행히 집 가까운 문화센터에서 주말에 훌라댄스 수업이 있었다. 주저할 이유가 없었다. 바로 등록을 했다. 훌라댄스도 가르치는 사람에 따라 많이 달랐기 때문에 내가 배우고 싶은 춤의 형태를 찾아서 선택했다. 훌라댄스를 배우고 싶어서 도전했다. 그 발걸음이 오늘 나를 만들었다는 생각을 하니 더욱 감격스럽다. 중년의 나이에 도전했던 나의 선택은 옳았다.

훌라댄스가 왜 좋은가 생각해 본다.

첫째, 건강한 몸으로 단련하게 도와준다. 무릎을 굽히고 춤을 춘다는 것은 쉽지 않다. 상체를 똑바로 곳곳이 세우고 골반을 움직이며 춤을 춘다. 마치 기마자세를 하는 것처럼 하고 있다. 골반을 잘못 움직이면 허리가 아프다. 그래서 바른 자세를 유지하면서 자유자재로 추어야 하므로 어렵다. 가장 좋은 효과는 코어운동이 되고 하반신이 튼튼해진다는 것이다. 물론 몸 라인이 시간이 갈수록 예뻐진다. 춤을 추면서 서서히 몸이 단련된다. 장시간 춤을 추면서 점점 체력이 키워지는 것을 느낀다. 숨이 차오르고 땀이 나도록 초집중하면서 스텝 연습을 하고 나면 기분이 날아갈 것 같다.

둘째, 즐겁고 재미있게 할 수 있다. 미소 가득한 얼굴 모습으로 변한다. 어쩜 웃을 일이 많아서 웃는 것이 아닐 수 있다. 환경이 도저히 웃을 수 없는 상황일 수 있다. 그래서 평소에 잘 웃을 수 없지만, 춤을 추면서 웃게 된다. 어려운 일이 많을수록 더 많이 웃어야 한다. 억지로라도 웃으면 긍정의 에너지가 생기는 데 도움을 준다. 그래서 춤을 출 때 미소 연습을 억지로 시킨다. 물론 즐겁다. 한 곡이 끝날 때 저절로 손뼉 친다. 한숨 몰아쉬며 감동의 손뼉을 칠 때, 진심으로 기뻐하는 모습을 본다. 조금 어려운 동작을 할 때 어설프게 하는 행동이 재미있다. 이렇게 저렇게 해보려는 노력이 느껴지기 때문이다. 곡에서 표현하는 동작이 재미있기도 하다. 동작에 빠져 춤을 추고 무대 위 주인공처럼 마무리할 때면 어느새 손뼉을 치는 관중들에 둘러싸여 있는 느낌이 든다. 그래서 내 시선은 앞에 있는 거울 너머 나를 보고 있는 관중들을 상상하게 된다. 춤이라는 것이 혼자 좋아서 추는 것도 있지만, 언젠가 무대에서 선보일 수 있다는 가능성을 가지고 추게 되면 더욱 재미있다.

셋째, 함께 할 수 있는 동료가 있다. 춤에도 독무가 있고 군무가 있다. 혼자 추는 춤은 왠지 무대에서 다양한 공간을 활용하며 풍성한 표현으로 춤을 춘다. 더욱 밀도 있는 춤을 추어야 한다. 군무는 모두 하나 되어 한사람이 추는 것처럼 춰야 한다. 그래서 각도와 높이가 아주 중요하다. 물론 우리가 수업시간에 추는 춤은 조금 다르다. 공연을 위한 춤이기보다 훌라댄스를 배우고 싶은 사람들이 모여 함께 춤을 춘다. 그런데 묘한 느낌이 든다. 주변 사람들에게 영향을 받는다. 누군가 춤을 잘 추는 사람의 모습을 닮아간다. 춤을 보면 선생님을 알 수 있다. 그대로 따라 하므로 춤 모습이 그대로 배어 있다. 다른 팀들을 관찰하면 똑같은 것을 느낀다. 그만큼 선생님이 중요하다는 생각을 한다. 알게 모르게 서로 선의의 경쟁이 생긴다. 잘 하고 싶은 마음이 들기도 한다. 그래서 더욱 발전해가는 것도 있다. 서로 함께 하면서 관심과 격려가 얼마나 중요한지 느낀다. 무언가를 꾸준히 할 때 지칠 때가 있다. 하지만 서로를 바라봐주고 응원하는 마음으로 춤을 출 때 힘이 나게 된다. 몸으로 하는 것이기에 더욱 서로와 합을 맞추는 작업이 필요하다. 그래서 더욱 동료애를 많이 느끼는 것 같다.

훌라댄스가 왜 좋은가? 마지막으로 생각했다.

넷째, 예쁜 파우와 장식을 하면 기분이 좋다. 훌라댄스 할 때 준비물이 있다. 하와이에서 만든 파우를 입고 간다. 다양한 하와이 꽃들이 장식된 다양한 색상의 파우는 입을 때부터 기분이 좋다. 짱짱한 고무줄이 내 몸에 딱 붙여 조여주고 360도 퍼지는 폭넓은 치마가 가지런히 내려앉은 자태가 처음에는 어색했지만, 지금은 너무나 익숙하다. 그리고 치마 분위기에 맞추어 팔찌, 머리핀으로 장식을 한다. 그럼 다른 사람들이 장식한 모습을 보면서도 힐링이 된다. 꽃을 좋아하는 나로서는 너무 행복한 풍경이다. 모두 자연의 색이고 자연의 모형에서 만들어진 소품이기에 화려한 것 같지만 그 자체로 행복하다.

감각 있게 곡과 어울리는 옷을 입을 때면 더욱 분위기가 좋아진다. 취미활동을 할 땐 장비에 대한 욕심이 생긴다고 하는 말이 맞는 것 같다. 한 개, 두 개 사다 보면 늘어난다. 더욱 예쁘게 장식하고 싶은 마음이 들면 하나하나 모으는 재미도 쏠쏠하다. 무언가 하나에 빠지면 관련된 것은 모두가 좋아 보이게 되는 것이 있다. 적당하게 꾸미고 예뻐지는 것에 대한 욕심은 좋은 효과인 것 같다. 왜냐하면, 점점 밝아지고 예뻐지는 것을 느낀다. 자신을 예쁘게 가꾸는 것부터 자존감은 높아진다고 생각한다. 외면의 아름다움부터 시작한 마음의 문을 여는 열쇠가 되어 내면의 아름다움도 가꾸어 가기 때문이다. 춤을 춘다는 것은 흥에 겨워 몸을 움직이는 것도 있지만 동작에 의미를 더해 표현하는 춤이기에 그에 따른 마음이 따라와야 더욱 아름다운 춤을 추게 된다.

훌라댄스는 신비의 춤이다. 추면 출수록 더욱 그렇다. 중년의 나이에 알게 되었다. 그래도 다행이란 생각이 든다. 내가 나이들 때까지 춤을 출 수 있기 때문이다. 무엇이든 시작이 참 어렵다. 그래도 시작하게 되면 무엇 하나는 배우게 된다. 마음의 끌어당김이 있다면 생각으로만 결심하지 말고 직접 해보는 것도 좋다. 해보면 길이 보이기 때문이다. 나에게 맞는 것은 상상만으로 생각만으론 도저히 알 수가 없다. 직접 경험하지 않으면 모른다. 그러기에 도전해보면 확실히 알

수 있다. 하와이 훌라댄스, 도전해보자! 누구든 할 수 있다. 남녀노소 누구나 출수 있는 춤이다.

훌라 추면 인생의 중심이 달라진다

첫 개인 저서가 출간되었다. 22년 12월에 글을 써야겠다는 결심을 하고 목차를 만들었다. 두 번째 인생, 처음 프리랜서로 훌라댄스 강사가 되기까지 도전기를 남기고 싶었다. 내가 아닌 다른 사람들은 어떻게 준비하고 살고 있는지 궁금했다. 그만큼 다양한 곳에서 많은 자료가 있으면 좋겠다는 생각을 했다. 각자의 경험을 나눌 때 또 다른 지혜가 떠올라 자신의 길을 개척해가는 데 도움이 되지 않을까 하는 막연한 생각이 글로 남겨져 내 손안에 책으로 만들어졌다. 첫 개인 저서로 온라인 판매소식을 들었다. 또 오프라인 판매소식에 교보문고로 한걸음에 달려갔다. 검색대에서 찾아보니 에세이 책꽂이에 있었다. 《〈나는 훌라댄스 강사입니다〉》 ㄴ자 앞에서 두리번거리는데 콩닥거리며 가슴이 두근거렸다. 심 봤다는 심정으로 발견한 책을 들고 인증사진을 찍는데 주변을 두리번거리며 살폈다. 왠지 내 책을 유난스럽게 사진을 찍는 것을 들켜버릴 것 같았다. 훌라 하면서 내게 아주 큰 선물인 책이 나왔다. 내게 있어 훌라라는 운명적인 만남을 통해 나의 일상이 조금씩 달라지기 시작했다. 나무에서 나와 꺾어진 가지에서 싹이 나고 잎이 무성하여 푸르름을 유지할 수 있는 비결이 무엇일까? 일정한 햇빛과 영양분이 있었을 것이다. 글쓰기와 훌라는 내게 푸르른 인생을 살아갈 수 있는 자양분이 되었다.

첫 훌라수업 할 때가 생각난다. 나 자신의 힘으로 수업하는 사람들을 모으고 수업 장소를 찾아다닐 때가 기억난다. 내가 사는 동네부터 훌라 대중화를 시켜야겠다는 생각에 온라인을 뒤적이며 이력서를 보냈다. 그럼 다 되는 줄 알았는데 아무런 답이 오질 않았다. 마냥 시간이 흘러가는 것이 초조해지고 답답했다. 아무것도 하지 못하고 이렇게 주저앉아 있을 수는 없었다. 그래서 뭐라도 해야겠다는 심정으로 발로 뛰었다. 직접 회원을 모아서 가르쳐보자는 생각이었다. 그리고 가르치는 장소도 물색했다. 막막했던 현실에서 생각만 바꾸니까 기회가 생겼다. 없는 것을 있게 만드는 용기가 절실함에서 나온다. 뭐라도 할 수밖에 없는 마음의 소원이 있으니 기회가 보였다. 그것을 스스럼없이 알리는데 망설임이 없었다. 내가 알고 있는 훌라수업의 제안을 만나는 사람들에게 자연스럽게 알리게 된다. 내가 훌라 하는 사람이라는 것이 하나도 부끄럽지 않았다. 그렇다고 자랑도 아니었다. 많은 사람이 알게 되면 좋아할 것이라는 확신이 있었다. 아직 알려지지 않았기 때문에 생소할 것이라는 생각이었다. 그러니 자연스럽게 알려야겠다는 의지가 하늘 끝까지 올랐다. 일부러 파우를 입고 수업 장소에 간다. 의상이 화려하니 조금이라도 노출을 시키고 싶어서다. 말로 전하는 방법도 있지만, 시각적으로 보이는 것이 효과가 있을 때가 있다. 궁금한 사람은 물어본다. 그래서 의상의 효과도 한몫한다. 내가 훌라인이 되었다는 증거이기도 하다. 내가 좋아하는 것을 많이 알았으면 하기 때문이다. 나만 알기에는 아깝다. 이 좋은 걸 관광지에서 봤던 몹시 어렵게 골반을 흔들며 추는 춤으로 오해하는 사람들이 많다. 그래서 더욱 알리고 싶다. 나만 아는 비밀을 공개해서 많은 사람이 훌라 하는 그날을 기대한다. 내게 있는 훌라를 알리고 싶은 절실함이 내 인생을 바꾸어 놓았다.

훌라를 하면서 부족함을 느낀다. 내가 추고 있는 것이 잘 하는 것인지 약간의 갈등이 생긴다. 그래서 다른 사람의 춤을 보게 된다. 유튜브에 나와 있는 영상을 들여다보면서 내 눈높이에 맞는 것을 찾아보게 된다. 그런데도 맞춤 영상은 없다. 여기저기에서 약간씩 배우게 된다. 결국, 배움이 답이다. 자격증을 따는 것은 시작이라고 하지 않는가! 알면 알수록 궁금한 것이 따라오게 된다. 그럴 때 또다시 발로 찾아간다. 간혹 SNS에서 하와이, 일본에서 오래도록 숙련된 지도자들이 워크숍을 연다는 소식이 보인다. 그럼 시간과 가격이 적절하면 신청한다. 얼마 전 하와이 악기 '이푸(IPU)'를 사용한 작품을 배우고 싶어 신청했다. 일본에서 온 강사가 서투른 한국말을 하면서 수업을 했다. 대표적인 하와이 전통악기 중 이푸는 목 주변이 좁은 박을 이용하여 만든 훌라 악기이다. 왼손으로 이푸를 잡고 오른손바닥과 손가락을 이용한다. 이푸를 사용해서 훌라춤을 추는 모습을 보았는데 우리나라 소고를 치며 춤을 추는 것과 비슷하다. 그래서 사용하는 방법과 보관방법을 배우고 음악에 맞추어 춤을 추었다. 손으론 박자를 맞추고 발 스텝을 하는데 마음대로 되지 않아 어설픈 모습에 웃음이 나왔다. 손바닥은 빨갛게 변해갔다. 강사의 모습은 너무도 자연스럽고 유연했다. 이푸를 치는 박자도 정확하다. 한번 시연을 해주며 촬영할 수 있는 시간도 허락해주었다. 영상으로 기억해서 또 한 번 연습하고 내 것으로 만들기에 중요한 작업이다. 워크샵에 다녀와 나름 훌라영상을 모아둔 것이 여럿 된다. 하나하나 꺼내서 회원에게 가르쳐줄 생각을 하니 기분이 좋다. 내가 어설프게 배운 동작을 다시 재해석하고 내 것으로 만들어 지도할 생각에 마음이 부풀어 올랐다. 함께 참석한 사람들의 모습도 활기차 보였다. 자신이 가지고 온 이푸를 여럿 모아놓고 사진을 찍었다. 크기가 다 달랐다. 몸통이 뚱뚱하기도

하고, 키가 작은 이푸도 있고, 입구가 작기도 하고 크기도 하고 자연에서 만들어진 소재로 제작한 이푸는 생김새도 자연 그대로였다. 다양한 곳에서 열정적인 배움의 장소로 모인 사람들은 서로를 배려하며 자신의 위치에서 땀을 흘리며 춤을 추고 있었다. 배움의 열정이 나의 인생을 풍요롭게 해주었다. 배워도 배워도 끝이 없기에 배우면서 성장한다. 모르는 것이 부끄럽지 않다. 더 배울 기회를 만들어주기 때문이다.

훌라 추면 인생의 중심이 달라진다. 삶이 나에게서 너로 그리고 우리로 확장되어간다. 내가 나를 발견하고 조금 더 나를 위해 살아야겠다는 생각을 한 것도 얼마 되지 않는다. 매번 보던 거울에 비친 내 모습이 어느 날 방치되듯 살아온 나에게 미안한 마음이 들면서 배움이 시작되었다. 영양분 있는 내면의 나를 살찌울 방법을 찾기 시작했다. 우선순위에서 멀리 있었던 나를 앞으로 끌어오면서 나는 살아나기 시작했다. 훌라가 나에게 오게 된 것도 그 때문이다. 하고 싶은 것을 뒤로 미루지 말고 이젠 지금 당장 해보자는 마음으로 찾아 나섰다. 누구나 시작은 어설프다. 시작은 초라하다. 그렇지만 할 일이 많으므로 가능성이 무궁하다. 자포자기는 없고 무한한 가능성에 한발씩 시간을 저축하듯 쌓아갔다. 그랬더니 훌라강사가 되었다. 나를 돌보고 나를 즐겁고 기쁘게 했던 것을 다른 사람들에게 나누고 싶어졌다. 아직 실력은 부족하다. 하지만 내가 배운 만큼 가르치면 되겠다는 생각을 했다. 마음에 가르치고자 하는 열망이 있으므로 아는 만큼 가르치면 된다고 생각한다. 자꾸자꾸 주니까 무리가 되었다. 하와이훌라 클럽이 생기면서 훌라를 좋아하는 매니아가 생겼다. 서로의 공통점은 훌라를 하는 것이다. 좋아하는 것이 같아진 사람들은 만나면 훌라 이야기를 한다. 나에게서 너로 그리고 우리가 되면서 서로를 토닥여 준다. 거울 속에 비친 아름다운 모습을 보면서 내가 참 잘 선택했다는 생각을 하게 된다. 똑같은 시간이 주어져도 내가 하는 모든 행동, 표현에 자신감이 생기고 내 생각에 지지자가 된다. 자신의 팬이 되어 나를 응원하고 나의 행동을 자랑스럽게 생각한다. 스스로 감동하고 나면 다른 사람의 조금 다른 행동과 불편한 이야기에 요동하지 않는다. 그것을 객관적으로 해석해서 버릴 것은 버리고 받아들일 것은 수용해서 조금 더 성장하는 발판을 만든다. 그것이 삶을 더 풍요롭게 만들어주는 비결이다. 혼자 살 수는 없다. 함께 더불어 사는 세상에 다양한 사람들이 모여 살게 될 때 모두 똑같다면 조금 재미가 없을 것이다. 각자의 차이를 인정하고 다름을 빠르게 인정한다면 더 화합하기 쉽다. 비로소 우리가 된다. 내가 있고 네가 있고 우리가 만들어진다. 훌라하면서 분명히 알게 된 것 중 하나다.

제2장
훌라댄스가 내 삶을 소중하게 변화시킨다

훌라하며 조금씩 나를 알아챈다

글을 왜 쓰세요? 라고 묻는다면 내가 나를 증명하고 싶어서다. 글을 쓰면 첫 번째 독자가 결국 내가 된다. 글 안에 담긴 것은 나의 생각이다. 스스로 검증하고 의미를 찾고 그것을 글로 쓰면 신비롭다. 내가 생각해도 기특한 생각을 할 때가 있다. 어느 날 택배 하나가 왔다. 책인 것 같은데 하고 자세히 보니 《〈나는 훌라댄스 강사입니다》〉 책 제목이 적혀있었다. 그리고 누가 주문했나 보니 아들 이름이다. 출간 소식을 듣고 주문을 해 두었나 보다. 아는 지인들이 구매하고 인증하는 것을 보았지만 직접 아들이 내 책을 주문할 줄이야 몰랐다. 요즘은 또 느낀다. 내가 경험하고 있는 짜릿한 것들은 사랑이었다. 하루를 새롭게 살아가기 위해 노력했던 시간이 스쳐 지나간다.

수많은 사람의 응원에 버거운 감정이 든다. 조금 더 용기 내 살아가는 힘을 만들어준다. 글을 더 쓸 용기를 만들어준다. 매일 자리에 앉아 나와 싸움을 하며 글을 써 내려간 시간이 무의미하지 않는다는 것을 느낀다. 하루에도 빈 종이에 글을 적어가면서 어느새 꽉 차 있는 글들이 나의 마음을 풍요롭게 해준다. 매일 매일 글을 쓰면 쓸수록 어렵다.

훌라를 처음 시작하게 된 것은 유튜브의 한 영상이었다. 워십댄스라는 춤을 전문적으로 배운다고 대학교 2학년 때, 주간은 일반으로 야간은 춤을 배우면서 학교에 다녔다. 세미나 하나 들었는데, 춤을 추는 사람이 되고 싶었다. 그래서 기초부터 배우고 싶어 저녁에 밤늦도록 빠져들어 가며 하나씩 이수했다. 좋아하는 과목은 당연히 실기였다. 예배 무용 중에도 워십댄스에 관심이 많았다. 결국, 창작하며 선교단을 만들고 국내. 해외 활동을 하며 꿈을 이루었다. 그리고 가르치는 일을 할 때, 사람들은 나를 '교수'라고 불렀다. 학교에도 점점 일반 무용전공자들이 많아졌고 새로운 장르가 인기가 있을 무렵 결혼과 임신으로 손을 놓아야 했다. 첫째까지는 소화를 했지만 둘째까지 임신한 상태에선 도저히 시간을 맞출 수가 없었다. 육아라는 것이 혼자는 도저히 감당을 못했다. 짬짬이 있는 일정 때문에 전문적으로 맡기기는 비용이 조금 아까웠다. 우리 식구 모두 캐나다이민을 생각하며 준비하던 때라 갑자기 모든 생활을 정리해야 했다. 모든 것을 미련 없이 정리했는데 뜻하지 않게 우리를 초대했던 곳에 문제가 생겨 모든 것이 물거품이 되었다. 그러면서 나의 생활은 은둔 생태가 되었다. 그리고 자연스럽게 생활전선에 들어갔고 옛 나의 과거는 동영상과 사진으로만 남겨두었다. 내가 맡은 일에 몰두하고 싶어서 춤을 일부러 잊고 살았다. 춤을 추었던 잔상이 떠오르지 않기 위해 오래전 모아두었던 고가의 의상들을 모두 다 버렸다. '내 인생에선 이제 춤은 없어' 하고 단언하며 집중을 했다. 나중에 많은 시간이 흘러서 다시 찾아도 된다는 마음으로 참고 참았다. 40대 중반이 될 무렵 우연히 유튜브에서 하얀 드레스를 입고 춤을 추는 장면을 보게 되었다. 한참 빠져들어 봤다. 내가 그토록 춤을 추고 싶었던 본능이 꿈틀거리듯 살아나는 느낌이 들었다. 그 바램이 영상 하나에 터져버린 듯 두근거렸다. 그리고 춤을 추게 되었다. 수소문해서 훌라댄스를 배우게 되었다.

훌라를 시작하며 나이는 신경 쓰이지 않았다. 100세 시대를 살면서 지금부터 그 이후 내가 살아갈 미래에 나는 무엇을 할 수 있을까를 생각했을 때 춤을 추며 살았으면 좋겠다는 생각을 했다. 얼마나 좋은지 처음 배우러 갈 때가 생각이 난다. 훌라댄스에 대한 지식이 없기에 필라테스복장을 준비하고 갔다. 알록달록 예쁜 치마를 입고 있는 선생님의 지도에 살랑살랑 골반을 흔들며 아름다운 음악 소리에 맞추어 춤을 추었다. 흉내 내기에 급급한 나머지 허리가 너무 아팠다. 제대로 동작을 이해하지 못한 나는 열심히 따라 했던 기억이 난다. 주말은 나를 위한 날이었다. 내가 하고 싶은 일을 마음껏 하는 날 이날은 훌라댄스를 하는 날이기도 했다. 결국, 훌라를 전문적으로 배우게 되었다.

지금은 훌라를 가르치는 강사다. 물론 지금도 완벽하지 않다. 처음엔 힘이 들었다. 내가 좋아하는 것으로 열심히 했더니 사람들이 너무 좋아했다. 훌라를 하면서 사람들이 나처럼 빠져들어 갔다. 음악을 들으며 힐링이 된다고 춤을 부드럽게 추면서 쉽게 생각했는데 어렵다며 꾸준히 배우고 싶다고 한다. 수많은 선생님이 많은데 내가 사는 동네에 훌라를 가르치는 내가 되어서 만나게 된 사람들에게 최선의 것을 주고 싶은 마음이 들었다. 오로지 가르치는 일을 업으로 선택한 때이기에 더욱 절실했다. 취미로 시작해 배우기 시작한 오랜 세월 남에게 배우는 것이 익숙했던 시간에 비례 가르치는 시간으로 바꾸는 과정에 혼란이 있었다. 내가 가르칠 실력이 될까? 제대로 춤은 추고 있는 걸까? 자기 점검이 필요했다. 원래 춤이라는 것이 지도자에 따라 좌우가 된다. 똑같은 곡이라고 해도 그것을 받아들이는 사람의 몸짓에 따라 미묘한 차이가 있다. 호흡만 거꾸로 해도 동작이 달라 보인다. 그래서 생각을 많이 한다. 조금 더 쉽게 가르칠 방법이 무엇일까 동작을 스토리처럼 이야기를 전개해간다. 유명한 고수의 춤을 따라 할 수 없다. 그렇다고 아주 처음 배우는 사람이 고수에게 배운들 100%로 이해하고 배우지는 못할 것이란 생각이 들었다. 눈높이 교육을 제대로 할 수 있는 것은 '나'라는 생각이 들었다. 그리고 나도 배우고 너도 배우고 배운 것을 서로 공유하면 되겠다는 생각이다. 위안하듯 편안했다. 훌라의 정석을 내가 이해한 만큼 친절하게 가르쳐주자 그럼 기쁘고 즐겁게 춤 출수 있다고 생각했다. 내가 나를 아는 것은 그래서 중요하다. 현재 상황에서 객관적으로 나를 볼 수 있는 눈이 있으면 나를 끌어올려 더 발전하기 위해 무엇을 해야 하는지 알게 된다. 한꺼번에 저 높은 곳에 오를 수 없다. 한 걸음씩 조금씩 올라가다 보면 어느새 목표하는 지점에 도착하게 된다. 결국, 내가 서 있는 위치를 분명히 알아야 목적지에 갈 수 있다.

무슨 일을 하든 처음 시작은 있다. 훌라를 처음 시작할 때 분명한 목표가 있었다. 훌라워십 하는 영상을 보면서 내가 추고 싶은 춤이야 하고 마음먹었다. 그리고 배우는 곳에 문을 두드렸고 기본부터 배우기 시작했다. 결국, 지금은 훌라워십 지도자가 되었다. 똑같이 나의 영상을 보고 배우고 싶어 문의하며 배우는 것에 신기하다. 똑같은 과정에서 절실함이 느껴지기 때문에 내가 알고 있는 것을 모두 알려주고 싶다. 내가 원하는 것이 무엇인지 알았고 끝까지 포기하지 않고 꾸준히 목표하는 것에 도전했을 때 물론 어려움이 생긴다. 조금씩 더디 갈 수밖에 없는 환경도 만들어진다. 그렇지만 결코 포기할 수 있는 이유가 되지 않는다. 내가 하고 싶은 일을 알았기에 기다릴 수 있고 해결해갈 수 있다. 내가 선택한 것에 하나의 망설임도 없이 물질, 시간, 노력을 부어줬다. 씨앗을 심어 싹이 자라는 것을 기다리듯 땅속에 고이고이 있었던 시간을 절대 후회하지 않는다. 결국, 밑거름되었다는 확신이 든다. 하나도 버릴 것이 없다고 하지 않는가 돌고 돌아 훌라의 장르에 나를 조명하면서 더욱 확실해진다. 내가 누구인지 내가 이 땅에 태어나 어떤 존재로 살아야 하는지가 선명해진다. 내가 찾은 행복을 다른 사람들에게 알리고 누리는 것이 또한 나의 사명이라고 생각한다. 혼자의 힘으론 만들 수 없다. 모두가 함께 느끼고 배운 것을 또 다른 사람에게 전달해주고 즐길 때 좋은 에너지는 흘러간다. 나이 많아 훌라 하면서 나를 가꾸고 내가 할 수 있는 일로 나의 생활을 지탱해줄 수 있는 것이 행복인 것 같다. 현재, 미래에 나를 증명하며 살아가는 힘을 만들어줄 것이다. 훌라 하면서 조금씩 나를 바라본다. 그리고 무엇을 원하는지 알게 된다. 이 길이 맞는 길인지 검증하며 가겠지만 신나게 행복하게 걸어갈 수 있는 확신이 든다.

초몰입 세계, 훌라의 세계

추운 겨울이 막바지에 이르렀다. 매섭게 얼굴을 스쳐 지나가는 바람이 시리어 목을 칭칭 감은 목도리에 파묻혀 걷는다. 수업하는 곳까지 약 15분을 걷는다. 치마 사이로 들어오는 바람조각은 재촉하는 발걸음을 더욱 빠르게 한다. 걸어가며 만나는 풍경에 비치는 하늘을 채 바라보지 못한다. 앞을 보며 지나가는 사람들의 뒷걸음을 쫓아 걷는다. 추위를 빨리 피하려는 마음과 앞질러 목표하는 곳까지 빨리 가기를 바라는 마음이 저절로 발을 움직이게 한다. 내가 도착한 곳은 훌라를 배우기 위해 대관을 한 장소이다. 지하 1층이기에 찬 공기는 히터로 데워져도 차가운 바닥 온도는 그대로 느껴졌다. 자연스럽게 추운 공기로 볼터치를 한 얼굴로 한명 두명 모여든다. 그리고 한 겹

두 겹 입은 옷들을 갈아입는 시간이 걸린다. 재잘거리며 떠드는 소리와 웃음기 가득한 모습으로 모여든 사람들의 표정으로 처음 공기를 메꾼다. 알록달록 예쁜 파우를 입고 준비한다. 거울을 보며 본인이 가져온 예쁜 꽃을 얼굴 옆에 꽂는다. 그리고 예쁜 목걸이 팔찌를 두른다. 그럼 인형처럼 어여쁜 훌라걸의 입장이 끝난다. 그리고 나는 이야기 한다. "여기는 어디예요?" "하와이" 싱긋 웃으며 서로를 보고 알로하 인사를 한다. 따뜻한 봄이 오기까지 정반대의 바깥온도와 수업온도의 차이는 언제나 느껴야 한다.

훌라를 시작하기 전에 몸을 충분히 움직여준다. 머리부터 가슴, 골반, 발목, 손목 순서대로 풀어준다. 굳어있던 몸을 자연스럽게 호흡을 가다듬고 훌라 하기 좋은 최적의 상태를 만들기 위해 예열을 해준다. 기본스텝을 다양한 음악으로 반복하며 기억을 도와준다. 머리로 기억하는 스텝을 몸이 알아차릴 수 있도록 반복해서 추다 보면 부드러워진다. 훌라댄스는 무릎을 굽히고 좌우로 골반을 움직이기 때문에 기본이 자연스럽게 되면 춤의 부드러움을 도와준다. 손의 움직임도 미세하게 달라진다. 반복하면 할수록 천천히 자연스러워지는 것을 느낀다. 파도가 넘실거리듯 손목을 움직이며 반복해서 움직임을 시도한다. 몸을 제대로 다루는 것은 오랜 시간이 필요하다. 서서히 좋아지는 몸동작이 나올 때까지 무한 반복을 해야 한다. 송골송

골 맺힌 땀을 식히기 위해 물 한 모금 마시는 시간을 준다. 반가운 마음에 가쁜 숨을 몰아쉬며 제자리로 돌아가 물을 마신다. 환한 미소로 그사이를 참지 못하고 서로 이야기를 나눈다. 그럼 이내 불러내어 본격적인 작품 음악을 틀어서 풀어진 몸으로 유연하게 춤을 춘다. 발 스텝이 자연스럽게 따라간다. 손의 움직임이 부드럽게 움직인다. 음악에 흠뻑 도취한 사람들처럼 춤에 집중한다. 흥얼거리며 노래를 따라 하는 사람도 있다. 동작을 기억 못 하는 회원의 눈빛은 여전히 나를 향해 있다. 내가 정신 차리지 않으면 엉뚱한 동작을 하게 된다. 구령을 부르며 박자를 잡아주면서 춤을 설명하면 다시 집중한다. 하나라도 코치를 잘 받아서 제대로 동작을 하고 싶은 선수들처럼 매의 눈으로 바라본다. 그럼 웃긴 이야기를 한마디 하면서 긴장을 풀어준다. 그럼 한바탕 웃는다. 한 곡을 마치고 음악을 멈추려고 가는 몇 걸음에서 느껴진다. 보람을 느끼는 온도가 숨을 몰아쉬며 즐거워하는 온도가 말이다. 그럼 다음 곡으로 연결한다. 익숙한 곡으로 훌라답게 추려고 노력하고, 신선한 곡으로 다른 스텝을 배우고 익히는 시간을 갖는다. 아주 조금씩 나누어 진도를 나간다. 집중력이 많지 않다. 즐거운 마음을 새로운 진도까지 유지하기 위해선 약간의 스트레스만 준다. 그럼 다음에 더 열심히 해서 꼭 숙달해야지 하며 욕심이 나게끔만 한다. 잘 알고 있는 곡은 편안하게 느껴지지만 잘 모르는 것은 호기심을 불러일으킨다. 그럼 다음이 궁금해진다. 그다음이 있으므로 출석률이 높다.

훌라를 할 때 처음에 외쳤던 "여기는 어디?" "하~와~이" 모두가 그렇게 생각하면서 춤을 추는 것 같다. 한 사람씩 대화해보면 정말 다양한 상황에서 온다. 훌라 시간을 바쁜 중에도 일부러 만들어서 온다. 훌라를 하면 걱정이 없어진다는 이야기를 한다. 훌라만 집중하니 다른 생각을 할 틈이 없다. 아름다운 훌라 음악의 가사에 집중하면서 이야기를 생각한다. 하와이섬의 예쁜 꽃이 되고 비가 되는 상상을 하며 몸을 움직이다 보면 다른 생각이 내 머리에 있을 시간이 없다. 거울에 비치는 다른 사람들의 아름다운 모습에 저절로 웃음이 지어진다. 다 열어보면 사연 없는 사람이 없다. 눈물 흘리며 들어야 할 가슴 아픈 사연이 가득한 인생들이 훌라를 추며 기뻐한다. 훌라를 추는 그 시간만큼은 아무런 걱정이 없다. 걱정할 틈이 없다. '내가 이렇게 웃어도 돼?' 할 정도로 좋아서 웃는다. 여전히 나에게 주어진 상황은 변하지 않는다. 하지만 행복하다. 지금 이 순간의 행복이 영원하지 않다. 하지만 행복한 기억은 남는다. 함께 모여 예쁜 옷을 갈아입고 꽃을 장식하며 음악에 맞추어 잘 추든 못 추든 몸을 움직이는 것만으로 걱정 근심이 훌훌 날아가 버린다. 날아가 버린 근심이 작아진다. 아주 크게 느껴지고 하늘이 무너질 것 같았던 걱정이 아주 작아졌다. 내가 감당할 수 있는 만큼의 무게로 느껴지면서 이겨나갈 힘이 생긴다. 시간이 지나면 해결될 문제를 지금 내가 끌어안고 울고불고 한탄

한들 더 힘만 든다. 서럽고 남들은 안 그러는데 나만 가장 힘들고 비참한 것 같지만 다들 크고 작지만 느끼는 고통은 비슷하다. 그것을 다루는 능력이 다를 뿐이지 크고 작은 고민을 해결할 당사자가 느끼는 고통은 비슷하다. 한바탕 웃고 춤추고 이야기를 나누다 보면 그것이 내 근심이 아닌 듯 딴사람이 되어 버린다. 그리고 내가 스스로 살아갈 시간에 한 걸음 더 다가설 수 있는 용기가 생긴다. 몹시 추운 겨울의 한복판에서 성큼성큼 걸어왔던 것처럼 다시 돌아간다. 훌훌 벗어 던졌던 옷가지를 주섬주섬 입는다. 아직 채 가시지 않는 열기로 가득한 몸에 거추장스럽게 걸친다. 바깥 공기는 매섭게 불어 내 몸의 구석구석을 얼어붙게 하는 것이다. 그래도 다음에 다시 올 마음으로 각자의 삶의 현장으로 돌아간다. 돌려보내야 한다. 모두가 자신의 위치에서 지혜롭게 살아갈 아름다운 사람들이기 때문에 그 열기를 고스란히 전달해주면 좋겠다는 마음이 크다.

몰입하며 훌라 할 때 행복하다. 초 몰입하고 나면 시간이 훌쩍 지나간다. 몇 곡 안 한 것 같은데 시간이 금방 지나간다. 조금 더 했으면 하는 마음이 들 때 수업이 끝난다. 그럼 즐거웠던 잔상이 오래 남아 다음을 기다려진다. 그 시간이 쌓이면 몸의 근육이 만들어지면서 뿌듯해진다. 반복하면 잘하게 되어있다. 자꾸 연습하면 몸의 유연성이 좋아진다. 잘하게 되면 좋아지게 된다. 그럼 자꾸자꾸 생각하게 된다. 훌라 세계에 빠지게 된다. 자신이 좋아하는 것 하나쯤 가지고 있는 사람들을 보면 생기가 있다. 벌써 그것에 관해 설명하라면 표정부터 바뀌어서 입에 거품을 물고 시간 가는 줄 모르고 설명을 한다. 정말 좋아하면 자꾸 생각이 난다. 그리고 그 시간을 손꼽아 기다리게 된다. 수업을 기다리는 내 마음은 매일매일 무지갯빛처럼 생기가 있다. 환하게 웃어 보이며 알로하 인사를 하는 눈길이 느껴지는 따뜻한 공간에 내가 서 있는 것만으로 좋다. 작은 나의 몸짓으로 서로가 서로의 온기를 느끼며 따뜻해질 수 있다면 얼마든지 춤을 출 자신이 있다. 그것을 알게 된 이상 훌라 세계를 벗어나 일상의 하루를 맞이하는 오늘이 얼마나 귀한지 알 수 있다. 내가 살아가는 이유가 분명해진다. 아직 꽃봉오리처럼 무엇인가 피워낼지 알지 못하는 순수하고 열정이 넘치는 사람들에게 무엇을 주어야 할지를 연구하게 된다. 훌라 세계는 아름답다. 내가 있고 네가 있어 행복하고 또 우리를 만들어주니 따뜻하다. 세상 근심 훌훌 털어버리고 훌라 추며 새로운 마음으로 다시 걸어갈 용기를 찾고 한 걸음씩 걸어가 보자. 그리 어려운 일도 아닐 것이다. 그리 힘든 일도 아닐 것이다. 내가 바라보고 살아갈 거리만큼만 애쓰자. 살다 보면 살아진다.

가장 나답게!! 상상하고 꿈꾸며 현실이 된다

산에 가면 신기한 것을 발견한다. 높은 산 바위틈에 있는 소나무이다. 산등성 굽이굽이 아름다운 모습을 풍경으로 겨우 살아있는 소나무가 신기하다. 손으로 감싸면 내 품보다 더 큰 나무도 있다. 유독 가지가 곧게 뻗어지지 못하고 허리가 휘어져 제멋대로인 나무들을 보면 살아남기 위해 필사적으로 몸부림 친 것처럼 느껴진다. 주위를 둘러봐도 물은 찾을 수 없다. 험한 바위만 보인다. 흙을 찾을 수 없다. 그래도 뿌리를 내리고 살고 있다. 나무 하나하나가 모여 산의 경치를 좋게 한다. 바위만 있을 뿐 척박해 보이는 곳에 푸르른 나무와 함께 어깨를 나란히 하며 살아가는 모습이 더욱 신기하다. 높은 산 위로 올라갈수록 나무는 뼈만 앙상하듯 검은 고목처럼 버티고 있다. 오랜 세월을 버티다 보니 최소한의 가지만을 남기고 바람을 맞으며 살아가고 있는 것 같다. 우리 삶도 처음 엄마 품에 안겨 세상살이를 배우고 홀로 멀리 떠나 나로 살아간다. 깊이 뿌리를 내리기까지 흔들리는 바람에 뿌리 뽑혀 이리 흔들 저리 흔들거리며 갈 바를 모르고 방황을 했다. 하지만 내가 정착해야 할 곳을 찾아 떠났다. 비로소 내가 있어야 할 곳에 머물러 나답게 살아가려 노력하고 있다.

'나다운 것이 무엇인가?'
'자기답게 사는 게 어떤 것인가?'

생계형 직장생활 20년을 용감하게 그만두었다. 살기 위해, 돈을 벌기 위한 치열한 일상을 정리했다. 누구와 비교하며 평가하고 또 이겨야 하는 경쟁의 시간 속에 더 내 옷이 아닌 것을 부여잡고 매번 참고 참아야 하는 것에 지쳐있었다. 열심히 노력해도 인정받지 못하고 돈의 노예가 되어가며 바싹 말라가는 내 초라한 모습을 발견하고부터 고민은 시작되었다. 그리고 부러진 가지에서부터 다시 시작하자는 심정으로 울타리를 빠져나왔다. 내가 나를 믿어주는 힘이 없었다면 결단을 내리기 힘들었을 것 같다. 하지만 치열하게 나 자신에게 물어봤다. 다른 어떤 사람의 말보다 나 자신에게 질문했다. 나와 아주 깊이 있게 만난 날 뒤도 보지 말고 앞으로 한 걸음씩 전진했다. 아주 힘든 결정이었다. 오랜 세월 깊이 박힌 뿌리를 송두리째 뽑아야 하는 일이기에 아주 힘이 들었다. 3개월 동안 내가 정리할 수 있는 것들 차근차근 하나하나 버리고 옮기며 하나의 웨장하드로 정리를 하니 홀가분했다. 그렇게 하나하나 뽑아버리며 앞으로 다가올 현재와 미래에 내가 어떻게 살아가야 하는지 궁리하기보단 내가 나를 지킬 수 있는 생각 근육을 단단하게 매듭을 지었다. 다시 시작할 수 있는 용기가 나와 마주한 시간 동안 생겼기 때문이다.

나다운 것은 무엇일까? 이제 홀로서기를 해야 하는 나에게 필요한 것은 나다운 것의 본질을 알아야 한다는 것이다. 신념과 가치와 의미를 만들 수 있는 나의 것이 필요했다. 나로 홀로서기에 필요한 것을 찾다가 내가 좋아하고 잘하는 것이 무엇인가를 생각했다. 나이 많아서 할 수 있는 것, 하고 싶은 것은 춤을 추는 것이었다. 몸을 움직이며 신체를 단련하고 몸과 마음을 건강하게 하는 것이야말로 내가 잘할 수 있는 일 같았다. 그래서 춤을 추는 사람이 되기로 했다. 나 혼자만의 즐거운 것으로 사람들과 더불어 춤을 추는 사람으로 나의 정체성을 찾았다.

나를 설레게 하고 즐길 수 있는 훌라지도자가 되기로 했다. 훌라댄스를 배우며 알게 된 길이 있다. 하나는 훌라를 하며 공연단원으로 댄서가 되는 길이 있다. 공연을 목표로 하는 것이다. 작품을 완벽하게 암기하고 그것을 무대에서 멋지게 선보이는 일이다. 정기적인 모임을 가지면서 다양한 기술을 익히고 아름다운 동작을 서로 합을 맞추며 연습하면서 서서히 성장해가는 길이 있다. 또 하나는 가르치는 일이다. 잘하고 좋아하는 것에 대한 자부심이 있고 어느 정도 기간을 통해 지도자과정을 이수하면 자격이 갖추어진다. 한 두명이라도 가르치다 보면 비결이 쌓이게 되고 일반인들을 위한 수업은 얼마든지 지도할 수 있다. 특별한 능력을 갖추고 뛰어난 기량이 생기기 전이라도 가능한 일이다. 하지만 배우는 사람을 존중한다면 자신을 연마하는데 게을리하면 안 된다. 다른 일보다 춤이란 몸짓을 가르치는 것이다. 초보자들은 식별할 수 있는 능력이 없어서 가르치는 사람의 몸동작을 그래도 따라 하는 경향이 있다. 그대로 판박이처럼 해야 잘하는 것으로 알고 있기 때문이다. 다들 처음은 그렇게 시작하는 것 같다. 그래서 처음 스승이 누구인지가 중요하다. 하지만 그것을 선택할 수 있는 것은 배우는 사람의 몫이기도 하다. 운명적이고 숙명적인 만남이라 돌이킬 수 없는 것이 아니라 다양한 길에서 선택할 수 있는 것은 배우는 사람들이 우선이기 때문이다. 하지만 대부분 처음 만나는 선생과 함께 하는 경우가 많다. 배움이란 것이 그렇다. 아무것도 모를 때 처음 스승으로 만나 조금이라도 알게 되었다면 감사하고 고마운 마음이 들기 때문이다. 병아리가 알에서 깰 때 처음 만나는 누군가가 엄마라고 착각하는 것과 다름없을 것 같다. 나는 두 번째 가르치는 것에 중점을 두었다.

우리 동네에서 먼저 훌라의 대중화를 만들기로 했다. 내가 첫발을 딛고 일어서기 쉬울 것 같다. 내가 나이 많아서 할 수 있는 일을 찾는다고 결심했을 때부터이다. 먼 곳에 찾아다니면 체력적인 소모가 많을 것 같았다. 서울에서 가까운 지역을 가려고 해도 최소 한 시간은 투자해야 한다. 그럼 왕복 2시간이란 시간 동안 왔다 갔다 하는 데 힘이 들 것 같았다.

그래서 될 수 있는 대로 내가 사는 곳에 훌라를 할 수 있는 곳을 물색했다. 많은 사람이 모여 다양한 스포츠를 즐기는 체육센터에 문을 두드렸다. 아이들이 어렸을 때 큰애는 수영을 배우고 작은애는 방송댄스를 배웠던 곳이다. 시설도 좋고 가격도 저렴해 장기간 운동하기에는 안성맞춤이었다. 그래서 꽤 오래 사용했던 곳이기에 친근감이 있었다. 그리고 내가 이 시설에서 강사로 활동할 거라는 것은 꿈에도 꿀 수 없었다. 하지만 문을 두드렸다. 쉽지 않았다. 생소한 훌라댄스를 프로그램에 넣는 것도 시간표가 꽉 차 있어 넣는 것도 만만치 않은 일이었다. 하지만 그때까지 내가 함께한 회원들이 있었다. 자신이 사는 곳에 수업을 열어달라는 간곡한 부탁에 나는 용기를 내었다. "못할 게 뭐야! 해보다 안 되면 또 기회가 생길 때까지 해보자!" 하는 마음의 소리를 들으며 전화를 걸었다. 나에 대한 확고한 신념과 할 수 있다는 자신감이 내가 행동할 수 있는 에너지를 만들어주었다. 낯

뜨겁게 나에 대한 확고하고 간절함이 통했는지 러브콜이 이루어졌다. 수업을 가려면 아침 수업을 마치자마자 약 30분을 걸어 수업 장소에 도착했다. 일부러 걸었다. 아침 시간 수업했던 잔상을 정리하고 다음 수업에 새마음으로 나를 다시 정비하기 위해 걸었다. 12월 차디찬 눈길을 걸을 때 새하얀 눈빛이 반짝이는 것이 나를 응원해주는 것 같았다. 따스한 햇볕이 온몸을 녹일 때 샛노란 개나리가 울타리 틈으로 삐죽 고개를 내밀며 '파이팅'하며 웃어주는 듯했다. 우거진 나뭇잎이 무성한 8월의 싱그러움 사이로 매미 울음소리는 너무도 힘차고 우렁차게 들렸다. 빨강, 노랑 형형색색의 옷을 갈아입고 반짝이는 나뭇가지 사이로 보이는 하늘은 높고도 높았다. 그렇게 시간이 흘러갈 때 점점 늘어나는 회원들을 바라보며 안도의 한숨을 쉬었다. 그리고 "선생님 언제든 이야기하세요. 회원이 부족하면 제가 데리고 올게요" 하며 든든하게 밀어주는 오랜 회원이 있어서 걸어 도착한 곳이 어느덧 나에겐 훌라 천국 같았다. 환하게 웃으며 맞이해주는 회원들의 얼굴빛에서 가슴속 깊은 곳에서 선택을 참 잘했다는 마음 깊은 환희가 퍼진다.

내가 한 것은 나를 찾은 것뿐이다. 남들의 인정에 목말라했던 시선을 돌려 그럼 내가 해주면 된다고 하는 마음가짐이 나의 인생의 방향을 돌렸다. 내 목소리를 들어주었고 내가 원하는 것을 하게 해주었다. 그것의 원동력은 나를 믿는 믿음이었다. 자기 신뢰였다. 내가 나를 믿어주니까 세상에 할 일이 넘쳐났다. 내가 나를 알아가면서 꼼꼼히 찾았고 그것을 잘하기 위해 투자를 했다. 천천히 할 수 있도록 밀어주었다. 가장 나답게!! 나를 믿어주면서 할 수 있도록 그랬더니 새로운 꿈이 생겼다. 그 꿈을 이루기 위해 또다시 나를 믿어주며 행동을 했다. 이렇게 저렇게 머리 굴리지 않고 마음의 소리를 들었다. 그리고 상상하고 꿈꾸며 할 수 있을 때까지 노력했다. 그 꿈이 현실이 되기 위해서 노력했다. 그랬더니 정말 현실이 되었다. 때론 어려움이 있다. 하지만 내가 선택한 길에 헤쳐나갈 힘이 있다. 도전과 행동을 반복하면서 내 꿈을 성장해가는데 망설임이 없다. 다답게 사는 것이 무엇인지 고민하는 것도 좋다. 그래서 반드시 해답을 찾고 주도적인 삶을 살아가길 바란다.

훌라 세상, 내가 몰랐던 세상을 만난다

유난히 파란 하늘이 높은 10월 어느 날이었다. 소품 하나하나를 챙기며 일찍 서둘러 출발했다. 그날은 수원화성으로 가는 길이다. 정조대왕 행차를 재현하는 화성 축젯날이었다. 근처 카페에 모여서 화장을 했다. 그리고 옷을 갈아입었다. 상의는 저고리 모양의 히비스커스가 화려하게 장식된 옷을 입었다. 축하사절단으로 훌라퍼레이드를 하기 위해 분주히 그리고 즐겁게 준비를 했다. 리허설 장소로 이동하니 풍악단이 예행연습을 하고 있었다. 신이 난 일행이 장단에 맞추어 함께 어울리며 춤을 추었다. 한편에는 태권도 하는 학생들이 연습하고 있었다. 그사이에 끼어 음악 소리가 작게 들려도 서서히 몸을 풀고 있었다. 한 손에는 울리울리(하와이 악기)를 들고 빨간색 파우(스커트)를 흩날리며 춤을 추었다. 마치 공연 전의 긴장이 극에 달해 있었지만 파란 하늘의 청량함은 잊을 수가 없다. 그렇게 시간이 지나갔을까 이제 출발해야 할 시간이 되었다. 일행은 화성 비산문에 서 있었다. 수많은 인파가 양쪽 인도에 가득하게 퍼레이드를 기다리고 있었다. 한가운데 아주 긴 통로에 이미 각가지 캐릭터 탈인형들이 지나간 후였다. 한 손을 흔들며 전진했다. 시민들은 곱게 입은 모습을 보며 사진을 찍거나 손을 흔들어 환영해 주었다. 한 200m 정도 걸었을까 드디어 무대 앞에 섰다. 정조대왕 어머니 혜경궁 홍씨의 생신을 축하하기 위해 하와이에서 온 사절단이라고 소개해주었다. 아스팔트 차도 위에서 훌라댄스를 추었다. 축하사절단이 환하게 웃으며 서로의 호흡을 맞추며 한바탕 춤을 추었다. 첫 번째 춤을 추고 나니 입이 바싹 말라왔다. 사방에서 뚫린 공간 모두가 나를 보는 것 같은 긴장감에 또 낯선 무대가 어색했는지 모른다. 또 행진 그리고 공연 이렇게 세 번째 무대를 마치고 난 후 시민들의 즐거워하는 모습 그리고 즐겁게 행진하며 마음껏 춤을 추는 일행의 일체감이 너무도 뿌듯했다. 진행팀에서 준비한 마지막 코스에 샌드위치와 음료수가 첫 끼였다. 순식간에 먹었다. 속에 있는 에너지까지 모두 꺼내어 써버렸다. 이미 바닥이 난 몸이지만 모든 것을 끝냈다는 홀가분한 기분에 우리의 텐트로 가는 길에서 사진을 찍으며 가을 화성의 풍경을 담았다. 여전히 높고 청량한 하늘을 배경으로 아름다운 화성의 성곽을 배경으로 찍은 사진은 하나의 작품이었다. 훌라 하면서 새롭게 배우게 된 세상 이것이 처음은 아니다. 하와이에서 온 훌라사절단이 된 그 날은 먼 옛날로 돌아가 퍼레이드의 일원이 된듯했다. 역사적인 현장에서 재현된 유명한 행사를 축하하는 사절단이 된 그 날에 내가 좋아하는 훌라를 하며 즐겼던 날이기에 더욱 의미가 있었다. 훌라를 하면서 경험하게 된 현장이었다.

커다란 트렁크를 끌고 가던 길에 슈퍼에서 과일 맛 음료를 샀다. 그날은 어르신들과 훌라춤을 추는 날이었다. 중간에 쉬는 시간에 당분이 있는 간식은 체력보충에 도움이 될 수 있기에 준비했다. 예전 살았던 동네처럼 한옥 기와지붕이 가득하고 상점이 정겨운 곳을 유유히 지나가면, 동네 사랑방처럼 통유리로 안이 훤히 보이는 센터에 도착한다. 훌라 포스터가 유난히 내 눈에 선명해서 사진 한 컷 찍고 들어갔다. 9월의 가을 날씨가 맑았다. 약간 더운듯하지만 춤추기엔 나쁘지 않았다. 시작 시간도 되기 전에 커다란 모자를 쓰고 등장하는 30년 에어로빅에 단련된 부지런한 회원, 자리에 앉았다. 그다음 그중에 제일 젊은 60대 회원은 씩씩하게 등장한다. 그리고 검은 머리 없이 하얀 백발의 회원이 선글라스를 쓰며 밝게 들어온다. 소수의 동네 사람들을 위한 특강이었기에 아주 편안한 분위기였다. 몸을 서서히 풀고 첫날 배웠던 노래를 불렀다.

'당신에게서 꽃내음이 나네요. 잠자는 나를 깨우고 가네요'

장미의 노래를 흥겹게 부르고 춤을 추는 모습은 혼자 보기는 너무 아까웠다. 모두가 서 있는 바닥에 없던 꽃이 그려져 있었다. 꽃처럼 어여쁜 이들을 생각하며 선물한 센터장의 마음이었다. 마지막 날 내가 준비한 이벤트는 파우를 입어보는 거였다. 그래서 내가 가지고 있는 빨간색 파우를 모두 가져갔다. 한 분씩 입혀주고 빨간빛 레이와 화관을 쓰며 춤을 추는 모습이 어여쁜 소녀가 되어 신이 난 모습이었다. 그래서 갑자기 밖으로 나가자고 제안했다. 안에서 우리끼리 하지 말고 밖으로 나가서 해보자고 말이다. 그런데 모두 망설임 없이 따라 나섰다. 흥에 겨워서 그랬는지 지금 생각해도 참 고마운 일이다. 가을 햇볕이 따뜻하고 환한 자연조명으로 모두를 비추어 주었다. 그리고 음악에 맞추어 춤을 추다 보니 지나가던 사람들이 발길을 멈추고 우리들의 모습을 보고 있었다. 익숙하게 준비한 발표회처럼 길거리에서 하와이해변에서 춤을 추는 여인들처럼 고왔다. 신기해하며 손뼉 쳐 주는 사람들이 생생하다. 교실 안으로 들어왔지만, 흥분을 가라앉기 어려워 사진을 찍으며 마지막 시간을 장식했다. 환하게 기뻐하는 미소는 백만 불짜리 미소였다. 지금도 그때 남은 사진을 보면 그때로 멈추어있는 느낌이 든다.

내가 만난 훌라 세상은 만나는 사람들로 다채로웠다. 나이와 상관없이 실력에 상관없이 훌라 하면서 호흡을 맞추는 것만으로 다양한 경험이 쌓여갔다. 내가 몰랐던 세상에는 무엇이 있었을까? 곰곰이 생각해본다.

아름다운 미소이다. 살면서 웃을 일이 별로 없다. 틀에 박힌 일상생활에 아무런 걱정이 없으면 그나마 다행이다. 하지만 수많은 고민을 하게 되는 일들이 생긴다. 그럴 때마다 신세 한탄하며 힘겨운 시간을 보내거나 원망을 한다. 쌓이는 스트레스로 인해 몸은 더욱 피곤해지고 무기력해진다. 그것이 되풀이되면서 정신도 몸도 허약해지면 병이 찾아온다. 몸의 면역력이 떨어져서 생기는 증상이다. 자신도 모르게 생긴다. 극복하고 싶지만 쉽지 않다. 환경은 그대로이지만 변화하는 방법이 있다. 그것은 마음이다. 모든 문제를 문제로 보지 않는 것이다. 무엇이든 방법은 반드시 있다. 그 해결방법을 몰라서 스트레스를 받게 된다. 하지만 반드시 해결된다는 마음을 가지면 보인다. 감당 못 할 일은 없다고 생각한다. 우연이라도 반드시 문제는 해결된다. 문제에 파묻혀있으면 지배를 받게 된다. 멀찌감치 물러서서 닥친 상황을 곱씹어 생각한다. 그럼 조금의 여유가 생긴다. 그때부터 실마리가 풀린다. 그 여유는 웃음의 힘이다. 웃을 일이 있어서 웃는 것이 아니라 웃으면 웃게 되는 일이 생긴다. 내가 몰랐던 세상의 힘은 미소를 잃어버리지 않도록 해준다. 춤을 추면서 밑바닥까지 가버린 웃음을 되찾게 해준다. 거울 속에 비친 나의 실체에 힘든 상황들을 꺼내어 버리고 빈 마음에 알로하 정신의 평안함을 채우다 보면 마음의 평정심이 생긴다. 마음의 균형을 유지하면서 그 눈으로 바라보는 세상은 다르다. 걱정은 그대로다. 어려움은 그대로다. 하지만 그것들이 나를 지배하지 않는다. 그 문제와 나를 분리해서 보게 된다. 그 마음의 여유가 그 틈을 만들어준다. 내가 혼자 웃을 수 없다면 다른 사람들의 미소를 바라보면 된다. 웃음은 전염성이 있다. 그래서 기뻐하는 사람들 속에 있으면 행복한 느낌이 덩달아 든다. 춤은 찡그리며 출수 없다. 춤은 화내면서 출수 없다. 웃으며 예쁜 미소를 만들고 추어야 한다. 적어도 춤을 추는 시간만큼은 말이다. 다양한 사람들과 어울리면서 웃음을 배운다. 훌라 세상, 내가 몰랐던 세상을 웃으면서 만난다. 웃을 수 있는 상황을 만들 수 있으면 좋다. 이왕이면 춤을 추면서 말이다. 혼자가 아닌 여럿이 모여 평소 해보지 않았던 색다른 경험을 하면서, 박수를 받으면서 얼마나 좋은가! 삶의 지혜는 사람에게서 배운다. 책을 읽고 배우는 것도 사실은 다른 사람들의 경험을 사기 위함이 아닌가? 그런데 직접 다양한 인생들을 만나 배우며 함께 웃는 세상은 참으로 아름답다. 내게 오는 인생을 받아들이면서 삶의 지혜를 배우고 또 감동한다. 이것이 훌라 세상이다.

엄마로서, 아내로서, 한 인간으로서 변신 중이다

'줄탁동시'

사자성어이다. 어미 닭이 약 20여 일간 알을 품고 있다가 병아리가 알에서 깨어나기 위해 안에서 껍질을 쪼아 대면, 그 위치를 정확하게 파악하고 있다가, 밖에서 쪼아 준다. 그래서 병아리가 쉽게 세상에 태어날 수 있다는 데서 유래된 말이다. 병아리는 부화 시기가 되면 알 안에서 껍데기를 깨려고 온 힘을 다해 쪼아 댄다. 이때 어미 닭이 그 신호를 알아차려 바깥에서 부리로 알껍데기를 쪼아 줌으로써 병아리의 부화를 돕는다. 줄과 탁이 동시에 일어나야 한 생명은 온전히 탄생한다. 한 생명이 세상에 나오기까지의 신비로운 장면이라고 할 수 있다. 마치 한 인간이 변화하는 과정과 흡사하다고 생각한다.

앎이라는 깨달음 속에 내 안의 나와 바깥의 나는 끊임없이 충돌한다. 내 안의 잠재하고 있는 능력을 세상 밖으로 끄집어내는 것은 누구도 아닌 나 스스로의 힘으로 이루어내야 한다. 동시에 깨뜨리려 노력하지 않으면 영원히 세상 밖으로 나올 수 없다. 그런 알아차림과 노력의 결과로 한 생명이 온전히 만들어진다. 생명의 위대함에 빠질 수 없는 것이 엄마의 노력이다.

엄마에게 위대한 힘이 생긴다. 아기가 생긴 순간부터 커피를 마시지 않았다. 하루의 피곤을 달래주는 커피 한잔의 힘은 크다. 정신집중이 되지 않을 때 환기하기 위한 커피 한 모금은 전신을 녹이는 듯하다. 엄마가 된 순간 금기해야 하는 음료가 되었다. 아기가 태어나기까지 마시지 말아야 했다. 아기가 너무 소중하기 때문에 그것이 고된 수련 같은 것이 아니었다. 그래서 사랑의 힘이 크다는 것이다. 아주 생각이 나지 않는다. 먹지 못해 안달이 난 사람처럼 변하지 않는다. 가장 좋은 것으로 먹고, 아름답고 예쁜 것만 보고, 듣는 것을 조심했다. 아무래도 엄마의 컨디션이 아기에게 미칠 것 같아 첫아이 가질 때는 참 유별났던 것 같다. 거르지 않고 병원에 꼭 가서 검진하고 그래야 하는 줄 알았다. 쌍둥이가 배 속에서 자라고 있다는 사실을 알게 되었다. 자궁 안에 분명 꾸물거리는 것이 두 명의 생명이 자라고 있었다. 예정일은 가을이었다. 나에게 6월은 한여름이었다. 두 명의 온도와 나의 온도가 합쳐지면서 더위가 찾아왔다. 남들의 막달 배처럼 불러 있었다. 누가 배 위에 컵을 올려놓아도 흔들리지 않겠다고 이야기한 것이 생생하다. 어깨를 땅에 닿고 똑바로 눕기가 너무 힘들었다. 사방으로 아이들이 퍼져 내 배는 중심을 잡지 못해 당기기 시작했다. 고통스러워 한쪽으로 기울여 자기 시작했더니 조금 편해져서 번갈아 가며 뒤집어 잠을 잤다. 한여름은 더욱 고통스러웠다. 더위와의 전쟁이 시작되었다. 그때 당시 에어컨이 설치된 친정에서 거의 살다시피 했다. 엄마가 주는 밥을 먹으며 편하게 있다가도 신혼집에 혼자 있는 신랑을 찾아가기도 했다. 점점 불러오는 뱃살이 터져서 가렵기 일쑤였다. 건강한 아이들이 태어나길 바라는 엄마의 마음은 다양하게 다가오는 고통쯤이야 문제가 되지 않았다. 그것이 모성애인듯하다. 내 몸을 통해 태어난 신비로운 상황을 어떻게 설명할 수 없다. 지금 다 큰 성인이 되어있는 아이들이 여전히 엄마 눈엔 아이같아 보이는 것도 애틋한 사랑이 아닐까! 아이들이 보는 엄마의 모습은 어떠할까? 생각이 들 때가 있다. 내가 아이들의 존재만으로 행복하고 소중한 느낌이 드는 것처럼 아이들도 엄마의 존재만으로 행복할까? 위대한 행동을 한다고 해서 위대한 것은 아닌 것 같다. 누구나 평범한 사람일지라도 독특한 자신의 위대함이 있다. 엄마는 더 특별하다.

목회자의 아내가 되었다. 교회에서 말끔하게 양복 입은 젊은 청년의 모습은 반듯했다. 학교에서 선배로 만나 같은 교회에서 봉사하는 사이 짝사랑을 하게 되었다. 나에게 적어놓은 일반 메모지 한 장이 소중했다. 애틋한 내 마음이 한곳으로 향하고 있었고 그것을 눈치챈 남편과 드디어 결혼했다. 난 사명자의 삶이 아닌 한 남자를 사랑했다. 함께 하면 무엇이든 어디든 갈 수 있을 것 같았다. 처음 일본에 가려고 했지만, 교회 사정으로 머물러 있었다. 여러 해가 지나 캐나다 청년사역을 하기 위해 이민을 준비했는데 현지 교회 사정으로 취소가 되었다. 앞길이 막혀 오도 가도 못한 상황이 되니 그림자처럼 살고 있었다. 남편의 어려움이 고스란히 가족의 몫이 되었다. 남편도 살펴야 하고 아이들도 챙겨야 하고 지금 생각하면 아직 어린 아내가 할 수 있는 일은 기도밖에 없었다. 목회자의 아내가 할 수 있는 것은 오직 기도였다. 아무것도 하면 안 되는 줄 알았다. 하늘을 보고 남편을 보며 하루하루를 견디며 살았다. 아이가 초등학교 입학할 무렵 지금처럼 살면 안 될 것 같았다. 무능한 부모가 되어 가난이라는 굴레 속에서 살게 하고 싶지 않았다. 그래서 벼룩시장 신문을 보고 또 봤다. 그리고 학습지 교사광고를 봤다. 결혼 전 속셈학원 강사를 했기 때문에 가르치는 것은 할 수 있을 것 같은데 오랜 시간이 흘러 자신감이 떨어졌다. 하지만 이것저것 따질 처지가 아니었다. 신혼

초 부동산 경매로 돈 한 푼 받지 못하고 집을 잃어야 했기 때문에 시집으로 들어가 살면서 이제 겨우 독립을 했던 터라 벌어야 했다. 가정을 지켜야 한다는 생각으로 가난이 싫다고 기도하며 다시 사회로 나갔다. 무엇이 옳은지는 잘 모르겠다. 잘했지 못했는지도 모르겠다. 남편의 목회에 발목을 잡은 것이 내 사회생활 때문이라는 생각을 그땐 이유가 되지 않았지만, 지금은 다르다. 목회자 아내가 해야 할 아주 큰 일은 남편의 든든한 후원자가 되는 것이었다. 시간의 후원자, 기도의 후원자 하지만 여러 가지를 할 수 있는 형편이 되지 않았기에 우선순위가 바뀐 상태였다. 그래서 스스로 독립하려는 엄두를 못 내고 부교역자의 길을 오래 할 수밖에 없었던 이유였다. 아이들이 성인이 되었을 때, 늦은 나이에 개척을 시작했다. 지하 조그만 공간이다. 남편의 시작은 나의 모든 것을 내려놓았을 때 시작되었다.

한 인간이 소중한 존재이다. 살면서 희생이라는 단어를 참 많이 들었다. 희생은 남을 위해 자신의 목숨이나 재물, 또는 권리를 버리는 것을 뜻한다고 한다. 그 희생이 남을 위한다는 말에 갇혀 살았다. 하지만 적장 울고 있는 나 자신에게는 희생적이지 않았다. 내 몸이 피곤하고 힘들어도 남을 위해서는 참아야 했다. 아닌 척을 해야 했다. 남은 소중한 존재이고, 나는 소중하지 않아도 되는가? 진정한 희생의 의미는 내가 기꺼이 남을 도와줄 수 있는 상태가 되었을 때 진정한 희생이 만들어질 것 같았다. 양이나 질의 문제가 아니다. 근본적인 소중함은 마음이었다. 보이는 것에 의한 가려진 실체가 아닌 자신의 내면을 들여다보며 건강한 자아가 만들어져 있는지 살펴야 한다는 것이다. 그것이 완성되었을 때 진정한 희생이 생긴다. 온전하고 흠 없는 어린양을 드려 제사를 드리듯 내가 건강하고 내가 살고 싶은지를 살펴보는 여유가 필요하다. 자발적이고 강력한 희생은 더욱 힘이 강하다. 누구도 막을 수 없는 강인한 의지야말로 희생을 값지게 만든다. 한 인간으로 이 땅에 태어난 존재만으로 마땅히 존중받아야 하고 해야 할 일이 있다고 생각한다. 아주 작은 일이지만 나만의 할 수 있는 무엇이 있다. 그것을 발견하고 그것을 다듬어 만들어 간다면 그보다 아름다운 것은 없을 것 같다.

엄마가 되고 싶어, 되는 것이 아니다. 한 생명이 나의 탯줄을 통해 호흡하고 살아나는 신비로운 과정을 거쳐 태어난다. 소중한 생명을 위해 무엇이든 하고 싶은 것이 부모 마음이다. 한 가정이 건강하게 이루어지려면 행복한 가정을 위해 부부의 노력이 필요하다. 아내가 할 수 있는 일을 게을리하지 않으며 서로 살펴주는 것 또한 아주 큰 일이다. 그래야 한 인간으로 분명한 자신의 위치를 찾아 자신을 계발하고 성장시킬 수 있는 발판이 만들어진다. 여전히 변신 중이다. 강요에 의한 것이 아닌 스스로가 너무도 필요로 한 길을 가야 하므로 기쁘게 간다. 내가 할 수 있는 일이 있다는 것이 행복이다. 어떤 역할을 줘도 아낌없이 주는 나무처럼 형태가 변화되어도 줄 수 있을 것 같다. 내가 살아있는 한 내 몫의 역할을 아름답게 이루어가기를 기도한다.

춤을 췄을 뿐인데, 삶이 변했다

'생각이 행동을 만들고 행동이 운명을 만든다.'

2020년 코로나 19라는 전염병이 왔다. 한 번도 경험하지 못한 일이 일어났다. 모두 안전을 위해 사회적 거리 두기를 했다. 생명에 치명적인 위협을 느꼈고 서로를 위해 각자 마스크를 쓰면서 지내야 했다. 명절 때도 모이지를 못했다. 당연히 모여서 하는 취미 생활은 더욱 할 수가 없었다. 한참 물이 올라 내가 배우고 싶었던 훌라 워십을 배우고 있을 때이다. 너무 답답했다. 전쟁 같은 공포와 끝나지 않는 긴 시간에 초조했다. 사람의 인내심을 테스트하듯 전염 수치만 쳐다보게 되었다. 끝이 없는 무료한 시간에서 사람들은 아주 천천히 할 수 있는 것들을 생각해냈다. 서로를 위로하기 위해 베란다에서 합주

하며 이웃과의 소통을 이어갔다. 가장 안전하게 할 수 있는 것은 대면이 아닌 비대면이었다. 온라인으로 만나는 것이다. 나에게 아이디어가 떠올랐다. 방구석 훌라댄스를 만들자고 생각했다. 유튜브를 시작했다. 일주일에 한 번씩 영상을 올려서 나처럼 활동을 멈춘 사람들에게 무료함을 달래고 희망을 주자는 취지였다. 훌라댄스를 멈추고 싶지 않았다. '함께 배울 수 없다면 혼자라도 하자!' 생각하고 혼자 추고 있는 모습을 영상으로 남겨 공유하기로 했다. 그리고 한주씩 내가 선곡한 곡에 새로운 안무를 생각하고 연습을 했다. 무슨 곡이 좋을까 찾을 때부터 흥미로웠다. 많은 곡을 듣고 찾았다. 그리고 마음에 남는 곡을 선택하고 창작을 했다. 무료했던 나의 일상에 집중하고 생각하는 무언가 할 수 있는 것이 생기니 시간 가는 줄 몰랐다. 그렇게 12곡이 올라갔다.

2023년 8월 하와이훌라클럽을 만든 지 1년이 되었다. 훌라댄스를 더 체계적으로 지도하기 시작했던 뜻깊은 주간이었다. 무슨 이벤트가 없을까? 생각했다. 그래서 훌라워십 강습회를 열어 무료로 내가 창작한 작품을 가르쳐주자는 생각을 했다. 코로나로 답답한 시간을 보내는 사람들에게 위로를 주기 위해 열었던 유튜브를 보기 시작했다. 작품을 써도 되겠냐는 문의를 했다. 설명 없이 춤으로 올려진 동작을 완전히 이해하긴 힘들었을 것 같다. 단순한 동작에 많은 의미를 담고 있는데 이것을 표현할 방법이 없었다. 그래서 강습회를 열어 인기 영상 중 하나를 지도해야겠다는 다짐을 했다. 이미지를 만들어 인스타그램에 홍보를 시작했다. 때마침 강습회를 할 교회가 생겼다. 개척한 지 얼마 되지 않아 아름다운 성전에서 많은 사람이 모여 춤을 추는 상상을 했었다. 그리고 뜻하지 않은 곳에서 사람들이 모였다. SNS의 위력을 느꼈다. 다 모이고 보니 제주도, 인천, 수원, 안양, 파주, 서울 등 각 지역에서 모였다. 서울 구의동에 있는 교회, 작은 공간이 환해졌다. 첫날부터 저마다의 사연을 듣게 되었다. 특별히 몸이 아파 암 치료 중에 홀라워십을 배우고 싶어 멀리까지 찾아온 분이 두 명이나 되었다. 시작부터 울컥한 마음이 들었다. 건강한 사람에겐 많은 기회가 있지만 아픈 사람들의 간절한 바람은 남다르다. 건강한 몸일 때 잘 나가던 사람들이 한순간에 병마와 싸워야 하고 그 고통 속에서 살아남았다. 그리고 그 이후 어떻게 살 것인가 다시 생각하게 되고 용기를 내어 여기까지 오게 된 것이다. 어찌나 감동적인지 잘하고 못하고를 떠나서 서 있는 것 자체로 내게 있는 재능으로 나눌 수 있다는 것이 행복했다. 지금은 한 달에 한 번 첫 주 토요일에 홀라워십 강습회를 열겠다고 마음의 기도를 했다. 그래서 5번째 강습회를 무사히 마친 상태이다.

사람들이 물어본다. 그렇게 다 그냥 주면 어떻게 하냐고, 사실 무료로 진행한다. 대신 내게 있는 작은 행복을 나누는 것으로 내게 얻어지는 것이 너무 많다. 부담을 안고 준비하기보단 오는 사람들과 함께 즐기기 위해 마음이 훨씬 더 편하다. 고인 물은 썩는다. 퍼서 담아주고 또 주면 샘솟듯 솟아나는 단물이 생길 것 같았다. 나눔은 아름답다. 각자의 재능을 누구나 줄 수 있다. 나눔은 또 다른 성장을 준다. 뜻하지 않은 힐링이 찾아온다. 함께 모여 춤을 추는 모습에서 꽉 찬 아름다움이 느껴진다. 처음에는 7명부터 시작했다. 하지만 12명으로 늘었다. 계속 오고 싶은 마니아가 생기니 새로운 사람들의 자리가 필요했다. 작은 공간에 끼여서 동작을 하려면 불편할 것 같았다. 한쪽으로 의자를 다 치워놓고 반쪽 공간에서 하다 보니 넉넉한 공간은 나오지 않았다. 그래서 선착순 인원 제한을 두게 되었다. 선한 마음의 동기가 통했는지 오시면서 각자가 가지고 오는 간식으로 쉬는 시간에 당분을 섭취할 수 있었다. 2시간 동안 한 곡을 다 배우려면 마음이 바빠서 집중하게 된다. 그럼 에너지 소비가 생기기 마련이다. 달콤한 과일 한 조각이라도 입에 들어가면 신선한 에너지가 반짝 생긴다. 그리고 자연스럽게 친교가 이루어진다. 사실 그때 서로의 눈빛을 교환하게 된다. 처음에는 서먹하다. 다들 다른 곳에서 모였으니 하지만 몸으로 춤을 추고 나면 금세 친해진다. 자연스럽게 쉬는 시간에 서로를 소개할 시간을 일부러 준다. 나는 이 시간이 기다려진다. 내가 하는 질문에 따라 다른 말들이 오간다. 춤을 추게 된 동기부터 이

곳에 오게 된 이유, 각자의 위치에서 잠깐의 느낌을 알려줄 때 한 사람 한 사람이 귀하다. 함께 춤을 출 때 한 곡이 끝나고 모두가 마무리 동작을 할 때의 여유 있는 숨을 몰아쉴 때 기분이 참 좋다. 환하게 웃는 모습에서 감사의 에너지가 흘러나오는 듯하다. 여전히 그래서 물개 박수를 칠 수밖에 없다.

내 삶은 만남의 연속이다. 누구를 만나든 나의 스승이며 선생이다. 훌라댄스를 하면서 더욱 사람들의 인생이 다가온다. 물론 내가 선생이라는 말은 들었지만, 온전히 책임을 질 순 없다. 하지만 내게 주어진 1시간, 2시간 동안만은 꽉 찬 사랑의 에너지, 행복의 에너지로 가득 찬 공간으로 만들고 싶다. 어디서도 느낄 수 없는 밝고 환한 웃음을 선물하고 싶다. 내가 뭐라고 대단한 사람도 아닌 나에게 사람들은 찾아온다. 대신 어마어마한 삶의 지혜를 가르쳐준다. 점점 만날수록 예쁘게 자신을 가꾸며 밝아지는 예뻐지는 모습을 볼 때면 훌라댄스를 가르치는 이 일에 자긍심이 생긴다. 내가 한 것은 함께 춤을 추었을 뿐이다. 함께 내가 가지고 있는 재능을 나누었을 뿐이다. 대가 없이 주기만 하면 시들해질 것 같은 열정이 더욱 강력해지는 것은 아주 큰 목표가 있다. 훌라댄스 대중화라는 큰 그림이 내 마음에 자리 잡은 한 어떤 마음으로 내가 시작해야 하는지 우선순위를 정하게 해준다. 당장 눈앞의 이익을 생각하고 계산하면 바로 앞도 제대로 갈 수 없다. 시선을 멀리 보게 되면 지금의 손해는 감수할 수 있다. 내가 스스로 약속하고 지키는 것은 어렵다. 하지만 누군가 기다리고 있다는 생각을 하게 되면 힘이 생긴다. 편하게 살 수 있는데 어렵게 가냐고 물어보는 사람도 있다. 살다 보니 조금 알게 된 지혜이다. 오늘 하루를 반듯하게 후회 없이 살아가는 것이 최선이라고 하루 동안 내가 줄 수 있는 것을 아낌없이 줄 수 있음이 얼마나 감사하고 행복하지 않는가? 몸으로 하는 일이기에 온전한 움직임을 할 수 있음이 얼마나 감사한가 내가 살아있는 한 내가 호흡이 있는 한 똑바로 생각하고 움직이는 것을 멈추고 싶지 않다. 춤을 추며 생각하고 행동하고 새로운 만남으로 나는 더욱 성장해진다. 고갈되지 않는 기쁨으로 나의 춤은 더욱 견고해진다. 마음의 넉넉함이 더욱 풍성해진다. 내가 하고 싶은 일을 하며 하고 싶은 행동을 할 수 있음에 먼 미래의 내 모습 또한 선명해진다. 내가 하는 마음의 응원으로 한 걸음씩 앞으로 걷고 있다. 춤을 췄을 뿐인데, 삶이 변했다.

나는 행복전도사 훌라캔디!! 행복하다

　행복이 무얼까? 그냥 막연하게 기분 좋은 것들이 많아지는 그것으로 생각했다. 절대로 슬퍼하는 일은 없어야 하고 화나는 일도 없어야 하고 모든 것이 순조롭게 무탈하게 지나가는 것으로 여겼다. 하늘에서 툭 하고 떨어지는 선물같이 내가 할 수 없는 주어진 조건으로 여겼다. 나이 50이 지나고 보니 많이 가지면 행복할 것 같지만 순식간에 건강으로 가진 모든 것을 잃어버리는 사람들을 보게 된다. 그래서인지 소유에 행복이 있는 것은 아닌 것 같다. 행복의 발전소는 외부에 있지 않았다. 행복을 제조하는 곳은 바로 나로부터 시작된다는 것을 깨달았다. 나의 노력으로 얼마든지 행복을 제조할 수 있다. 행복은 외부에서 주어지는 것이 아니라 내부에서 만들어진다. 행복을 만드는 제조기가 잘 작동하려면 매일 점검이 필요하다. 밝은 해가 뜨고 지는 해를 자세히 보면 붉은색은 비슷하다. 강렬하게 뜨고 강렬하게 진다. 온 하늘을 집어삼킬 듯이 이글이글 불타오르는 기운으로 주변의 모든 것을 물들인다. 오늘도 어김없이 태양이 떠오르는 아침을 맞이하고 있다. 어두움을 서서히 환하게 밝혀준다. 그리곤 할 일을 다한 듯 붉은 노을을 남기며 서서히 퇴장한다. 검은 하늘과 붉은 하늘이 서로 주거니 받거니 제자리를 교체하듯이 사라진다. 하루도 빠짐없이 정확한 시간에 해는 뜨고 진다. 모든 것의 시작과 끝도 다를 것이 없다. 하루를 맞이하고 마무리하는 것을 해처럼 달처럼 별처럼만 하면 되지 않을까?

내 이름은 캔디이다. 두 번째 인생을 살고 싶을 때 생겼다. 어느 날, CEO 교육을 수료한 동문 워크숍 때 노래를 하라고 했다. 찬양만 주로 알고 부르는 사람이 무슨 노래를 불러야 하나 순간 고민이 되었다. 나도 모르게 순간적으로 '캔디'를 곡목으로 불러주었다. 그랬더니 가요의 캔디 음악이 나왔다. 그것이 아니고 만화의 캔디라고 수정했다. '웃어라 캔디야! 울면 바보다 캔디캔디야!' 마이크를 잡고 만화 주제가의 가사가 다 큰 성인이 되어 부르게 되니, 감성을 자극한 모양이다. 감정이 들어갔다고 할까? 그때부터 캔디라고 불러주었다. 처음에는 놀리는 줄 알았는데 왠지 친근감이 들었다. 그리고 훌라댄스 교육 이사가 될 무렵 영어 이름이 필요하다고 했다. 명함에 들어갈 이름이다. 망설임 없이 'CANDY'라고 썼더니 사탕캔디라고 물어봤다. 왜 그런 이름이냐고 반문하는 느낌이었지만 내게 이미 익숙해졌다. 그래서 이번엔 훌라를 하는 캔디여서 '캔디 훌라걸'이란 이름으로 SNS에서 활동하게 되었다. 모든 이름이 처음에는 낯설다. 그 이름이 내 입에 붙고 자연스러우려면 아주 많이 불러주어야 한다. 그럼 이름이 그 사람이 된다. 훌라하는 캔디를 만들어주기 위해선 훌라를 해야 한다. 그냥 하는 것이 아니라 훌라를 잘하는 캔디로 만들어주고 싶었다. 그래서 훌라와 캔디는 이름에서부터 하나가 되었다. 내가 내 이름의 주인이 되기까지 노력은 계속되었다.

내가 제일 처음 눈을 뜨고 하는 루틴이 있다. 화장실에 가서 거울을 보고 웃어주는 것이다. 어떨 때는 엄지 척을 만들며 "최고야! 잘하고 있어!" 하고 박력 있게 마주 대한다. 세상에서 제일 반갑고 화려한 모습이다. 피곤한 어제를 보낸 날은 더 자세히 얼굴을 본다. 그리고 살핀다. '괜찮아 힘내' 나를 매일 챙기는 일이다. 내가 똑바로 나를 보는 것이 얼마나 오래 걸렸는지 모른다. 아주 정신없이 살아왔고 시간을 쪼개도 너무 바빴다. 머릿속엔 일의 우선순위를 정하고 그것을 잘 해결하기 위해서 방법을 만들고 실행하기 위해 또 생각해내야 하고 성과를 만들기 위해 내가 맡은 일에 몰두하고 최선을 다해야겠다는 책임감이 꽉 차 있었다. 무엇이든 말이다. 남을 가르치려는 방법으로 인성교육을 배우고 있었다. 그때 큰 거울을 보며 자기에게 한마디씩 하라고 했다. 무심코 순서에 의해 내 앞에 도착한 거울을 봤다. "경부야"하는데 더 말을 이어가지 못했다. 물끄러미 누군가가 나를 쳐다보고 있었다. 너무도 낯선 얼굴처럼 보였다. 그리고 웃음이 터져버렸다. 나를 보는 누군가가 너무 가엾어 보였다. 중년이 된 나이에 변해버린 애처로워 보이는 한 낯설어 보이는 모습으로 나를 보고 있었다. 순간 너무 미안했다. 어찌할 바를 모르다가 "수고했다"라는 말을 남기고 거울을 옆 사람에게 건네주었다. 그 이후 거울 앞에 보이는 나를 살피기 시작했다. 수없이 많이 들여다보던 내가 아니었다. 내가 나를 미쳐 데리고 다니지 못하고 저 멀리 따라오게 만드는 그림자였다. 서서히 내가 나를 위해 할 수 있는 일을 찾기 시작했다. 이제는 좋아하는 것을 해보고 싶었다. 그래서 운명같이 훌라를 배우게 되었다. 나를 위해 행복을 선물했다. 작은 거울 속에서 가엾게 보였던 내 얼굴이 이젠 전신거울 앞에 서 있다. 나를 보고 춤을 추는 내 모습에서 웃음꽃이 피었다.

이제는 분명히 안다. 행복은 혼자가 아닌 함께 하면 배가 된다는 것을 말이다. 훌라를 하면서 춤을 좋아하는 사람들을 알게 된다. 혼자 추는 춤이 아니다. 함께 하는 사람들이 생긴다. "선생님은 백만 불자리 웃음이에요" "훌라 하는 모습이 아름다워요" 서로 칭찬을 아끼지 않으며 춤의 삼매경에 빠진다. 여전히 거울에 비친 내가 보고 있는 거울의 나의 모습은 다행히 웃고 있다. 웃고 있으면 복잡했던 생각이 어디론가 사라진다. 그 순간만큼은 가사에 집중하며 내 몸에 가득 찼던 걱정, 근심, 두려움에 가득했던 그릇을 비어버리고 사랑의 감정을 담아 부드러운 동작으로 표현하려고 마음을 바꾼다. "행복해야 해요! 행복하세요!"라고 부르짖으며 떠들면서 사람들을 설득할 필요가 없다. 내가 현재 위치한 곳에서 진심으로 행복한 마음이 저절로 흘러나오게 하면 된다. 훌라 할 때만 행복한 미소가 생기는 것이 아니라 평상시에도 웃게 된다. 마음을 비워내는 연습을 자연스럽게 배운다. 불편한 일이 생기면 왜? 라는 의문문을 들이대지 않고 상대방의 처지에서 생각해보면 그럴 수 있겠구나 하며 상황설정을 다시 해본다. 그럼 너그러워지고 이해가 안 되어도 내 감정을 다치는 일은 줄어든다. 최대한 그 시간을 길게 갖지 않으려 한다. '미안합니다. 사랑합니다. 용서해주세요. 감사합니다.'라는 마음으로 서서히 내 마음을 정리한다. 서서히 풀어진 내 마음엔 앙금이 사라진다. 다시 평화를 불러올 수 있었다. 그리고 웃을 수 있었다. 웃을 일이 있어서 웃는 것은 아니다. 웃으면 웃을 일이 생긴다. 어리석은 사람은 내가 해결할 수 없는 현상을 되뇌고 되새겨서 마음에 사무치게 만든다. 누군가가 섭섭하게 했던 일들을 줄줄이 늘어놓아서 자기 생각에 한이 남게 한다. 그러면 속이 편해야 하고 속이 시원해야 하지만 그 말이 메아리가 되어 더욱 괴롭게 하는 것을 안다. 정작 다른 사람은 아무것도 모르고 잘 살아가는데 말이다. 쉽게 풀어지지 않겠지만, 그래도 속상할 틈에 하늘을 보며 흘러가는 구름에 흘려보내야 한다. 내가 나를 사랑하는 방법은 다른 것이 없다. 흘러가는 시간 속에 갇혀있지 말고 새롭게 다가오는 희망에 눈을 뜨고 가슴으로 받아들이면 된다. 사람이 살아가면서 수없이 많은 일에 좋은 일만 있겠는가? 희로애락이 뒤범벅되어 있을 때 인생은 아름다워진다. 가끔 태풍이 불어야 바다가 정화된다고 하지 않는가? 모든 시험은 감당할 만큼 온다고 하지 않는가? 내가 해결할 수 없는 것을 끌어안고 슬퍼할 것 없다. 분하게 생각할 것도 없다. 오로지 내가 할 수 있는 일에 최선을 다하는 것이다. 행복은 멀리 있지 않다. 내 안에 행복이 있다. 내 행복을 기꺼이 나눠주면 된다. 거창한 방법이 아닌 내가 나를 사랑하는 만큼만 행복하면 된다. 많이 가진 것이 보이지 않을 뿐이지 터질 것 같이 빵빵하게 들어있는 행복 세포는 어디서든 나온다. 내가 있는 곳에 행복 향기가 남는다. 행복은 행복해서가 아니라 행복해하니까 더욱 커진다. 그리고 웃을 일이 더 많아진다. 내 인생의 희로애락이 있다. 그것을 담아내고 있는 '나'라는 존재가 반드시 잘 풀어갈 것을 확신한다. 자연스럽게 스며들 듯 행복이 내 마음을 푹 절여놓았다. 새로운 존재로 만들어졌다. 그래서 훌라캔디는 행복하다.

제3장
훌라댄스 추며 훌라에 빠진 여인들

하와이 훌라클럽을 소개합니다

'우리 엄마 꽃길만 걸어'

문구가 적힌 예쁜 케이크를 선물 받았다. 퇴사한 날 집에 돌아오니 딸이 건네준다. 새로운 꿈길에서 내가 이루고자 하는 일들이 무엇이 있을지 그 꿈을 이루기 위해서 또 얼마나 큰 노력이 있어야 하는지 복잡한 마음이 교차했다. 내가 과연 그 꽃길을 걸을 수 있을까 막연하고 막막한 마음이 한편으로 들어서 서글퍼지기도 했다. 모든 것을 접고 마무리를 하고 나면 '고생했어요.'라는 말이 어울릴 법도 한데 내게 꽃길을 걸으라고 응원한다. 다시 시작이라는 말에 눈시울이 붉어졌다. 그리고 두 주먹을 쥐며 내게 이야기했다. '5년만 고생하자. 환경만 바뀔 뿐이지 내 명함만 바꿀 뿐이다.' 내게 온 새로운 1월 1일은 지금부터 시작이었다. 새로운 일을 시도하고 수정하고 재도전하면서 내 꿈을 이루어가면 된다. 회사원에서 프리랜서로 변화된 나의 일상을 시작했다. 1인 기업가로 다시 출발했다. 안전했던 항구를 떠나 돛을 올리고 탐험을 하러 내 꿈을 꾸며 발견하기 위해 서서히 항해를 시작했다. 내가 가보지 않는 미래를 위해 움직였다.

내 꿈을 시각화하는 것에 집중했다. 20대에 이루지 못했던 꿈이 있었다. 내겐 춤을 추는 재능이 있었다. 꼭꼭 감추고 살았지만 50대가 되어 이제 현실로 찾아왔다. 그리고 그 꿈의 형태가 선명해지며 구체적으로 내게 다가왔다. '훌라댄스 대중화' 머리 하얀 백발의 할머니들이 삼삼오오 모여 훌라댄스를 추는 모습이었다. 그것을 현실로 이루기 위해서 훌라댄스 강사가 되기로 했다. 내가 사는 동네에서 훌라댄스를 가르치면서 생소한 하와이 훌라를 생활화하기로 생각했다. 춤을 함께 추는 무리를 만들기 위해 고민을 했다. 커뮤니티 크리에이터가 되었다. 새로운 창조자가 되어 내가 꿈꾸는 공동체를 만들어 보자고 기획을 했다. 이름을 생각했다. 사람들이 모여 즐겁게 춤을 추는 곳이란 의미로 클럽이란 단어가 끌렸다. 하와이 훌라를 추는 곳 그래서 '하와이훌라클럽'이 만들어졌다. 상상 속에 생각했던 비즈니스모델이 현실이 되면서 내가 행동한 것은 사업자등록증을 만들었다. 비록 지금은 혼자만의 기업이다. 하지만 5년, 10년 후 이것이

유용하게 만들어질 것을 희망한다.

하와이훌라클럽이란 이름을 만들고 미션과 비전을 생각했다. 이 글을 쓰기 위해 내가 쓴 글들을 뒤적이기 시작했다. 참으로 신기한 것은 오래전 수업을 들으면서 과제물로 제출한 것에 하와이훌라클럽이란 이름이 적혀있었다. 훌라를 하면서 이루고 싶은 비즈니스모델, 그것은 배우고 가르치며 함께 하는 공동체였다. 매일 반복되는 일상에서 잠시 훌라댄스로 색다른 즐거움과 행복한 시간을 만들어 주고 싶다는 소망의 글이었다. 실제로 그 꿈을 이루면서 더욱 구체적으로 되었다. 처음엔 나를 위한 모델이었다. 내가 경제적인 자유를 얻기 위해 잘할 수 있는 것 좋아하는 것을 찾다가 발견한 춤을 가지고 활동하는 것이었다. 하지만 약간의 사명의식이 더 생겼다. 처음 내가 만들고 싶은 것은 사람이 주가 아니라 공동체가 먼저였다. 누구든 들으면 알 것 같은 이름으로 거창하게 보이고 싶은 욕구가 있었다. 하지만 지금은 달라졌다. 사람이 우선이다. 제각기 살아온 환경과 배경이 다르다. 그리고 생김새도 다르다. 그것을 존중해주기로 했다. 장미꽃과 개나리꽃 목련꽃처럼 색이 다르고 생김새도 다른 사람들이 모였다. 각각 자세히 보면 너무 아름답고 풍기는 향기도 다 다르다. 이 예쁜 꽃들에 장미꽃이 예쁘니 장미가 되기를 바란다면 너무 어려운 일일 것이다. 기쁘지도 즐겁지도 않을 게 분명하다. 시간이 지나면서 자괴감에 점점 흥미를 잃어갈 것이 분명하다. 리더가 보는 세상은 조금 다르다. 조화를 이루기 위해 어떤 점에 생각을 몰두하냐에 따라 달라진다. 최대한 서로 어울리게 만들 방법이 있다. 그것은 같은 마음을 가지면 된다. 훌라를 사랑하는 좋아하는 마음을 가지면 같은 웃음이 나온다. 그 미소가 있는 한 모두가 똑같아 보인다. 그리고 같은 의상과 장식을 하면 더욱 빛이 나게 할 수 있다. 내가 집중하게 된 사람의 관점이 달라지니 나이, 키, 외모가 달라도 아무런 문제가 되지 않았다. 그렇게 하와이훌라클럽은 성장했다.

하와이훌라클럽 미션:
훌라문화 대중화를 선도한다.

하와이훌라클럽 목적_3H
누구든 함께 할 수 있는 댄스 (HARMONY)
누구든 건강 할 수 있는 댄스 (HEALTH)
누구든 행복 할 수 있는 댄스 (HAPPINESS)

하와이훌라클럽의 운영은 이렇게 진행되고 있다. 서서히 자연스럽게 만들어졌다. 그것은 회원들의 필요에 따라 넓혀갔다. 처음 동네 주민 7명이 모여 훌라댄스를 가르치기 시작했다. 공모사업에 당첨이 되어 겨우 모아온 소중한 회원이다. 처음엔 알지도 못하는 동네 주민이 훌라댄스를 가르친다는 공고 하나 보고 모였다. 하지만 누구보다 열정이 있었다. 출석률이 높았다. 만족도가 높았다. 훌라라는 세계를 맛보고 입소문을 내기 시작하더니 17명이 되었다. 숫자가 줄어들면 어떻게 하나 고민했는데 갈 때마다 점점 불어나는 인원과 호응에 출석부의 빈칸이 어느새 꽉 차고 줄 밖으로 추가가 되었다. 정말 재미있었다. 한번 맛본 사람들은 꾸준히 배우고 싶어서 했다. 처음엔 무료로 10회를 진행했다. 강사료 지원을 받았기 때문에 가능했다. 하지만 그 이후는 회비를 받아서 진행했다. 일반 문화센터비용의 반값을 받았다. 마케팅과 장소 대관비용으로 지급해야 할 모든 것을 내가 담당하는 것으로 생각하니 합리적인 가격이 정해졌다. 그리고 요일을 늘려갔다. 자연스럽게 작품에 대한 차별화를 생각하고 신규와 기존의 회원들을 생각해서 점점 구별하며 수업을 늘려갔다. 3개월 단위로 회원신청을 받았다. 그렇게 자신이 선택할 기회를 주었다. 이사를 하거나 건강상태 또 다양한 스케줄 변화로 더는 이어갈 수 없는 회원도 대부분 많았다. 다행히 새로운 신규회원이 이어졌다. 화요일 20명, 금요일 10명으로 나누어 모임을 했다. 모이면 훌라댄스를 배우는 것이 가장 큰 과제이다. 내가 꿈꾸던 동네 주민이 훌라를 하기 위해 예쁜 파우를 입고 모인다. 그럼 지나가는 사람들이 쳐다본다. 화려한 색상의 옷이기에 눈길이 자연스럽게 간다. 치마에 그려진 하와이 꽃만 보아도 너무 예쁘다.

하와이훌라클럽이 만들어지고 8개월쯤 되었을 때 회원이 살짝 물어본다. "선생님 우리도 공연해요" 회원 말을 잘 듣는 편이다. 필요에 의해 이야기한 것이기에 곰곰이 생각했다. 못할 것도 없다고 생각했다. 그리고 공연단 공고를 만들어 5명이 모였다. 그것이 시작이 되어 지금은 공연단이 2개가 이루어졌다. 첫 번째 만든 공연단은 2기를 뽑아 11명이 되었다. 그리고 훌라워십공연단을 추가했다. 5명이 연습 중이다. 색다른 공연을 위해 또 자신의 새로운 모습을 기대하며 이어가고 있다.

하와이훌라클럽에 관한 이야기는 한도 끝도 없을 것 같다. 처음 만들어진 시작은 한 사람의 머리에서 만들어진 기획이었지만 그것을 이어갈 수 있었던 것은 사람들이다. 훌라가 너무 좋아서 모인 사람들이 자신의 재능으로 끝나지 않고 남들에게 선한 영향력을 주고 싶어서 똘똘 뭉쳤다. 생활에서 예술을 사랑하고 훌라를 통해 변화되는 자신의 모습을 보며 너무 행복해한다. 그것을 가까이서 지켜보는 것만으로 행복하다. 계속적인 활동으로 이미 만들어진 모임은 더욱 모자람이 없도록 채워갈 것이고 이제 막 만들어진 공연단의 행보로 기대가 부푼다. 하와이훌라클럽으로 오세요!!!

춤추고 먹고 웃고 즐긴다

'춤거리'란? 보통 책 한 권 다 배우면 파티를 한다. 일명 '책거리'라고 한다. '책거리'는 전통적으로 서당에서 학생이 책 한 권을 다 읽고 떼었을 때, 스승과 학생에게 음식을 대접하고 답례하는 행사이다. 학생의 학문 성취를 독려하는 의미뿐 아니라, 스승의 노고에 대한 답례의 뜻을 담고 있다고 한다. 내가 훌라댄스 수업하는 곳은 '춤거리'가 있다. '춤거리'는 훌라댄스를 다 배우고 3개월 과정을 마친 후 파티를 하는 형태이다. 열심히 배운 훌라댄스를 팀별로 나누어 추고, 떡이나 과일 음료수 등 나누어 음식을 먹는다. 누가 약속도 하지 않았는데 서로서로 준비해서 파티가 된다. 수업시간에 팀을 나누어 준다. 4~5명이 한 팀이 되고, 배운 곡을 제비뽑기해서 발표회를 한다. 사람이 많아지면 서로 사귀지도 못하고 친한 사람들끼리 교제하고 그냥 가게 된다. 배움이란 스승과의 관계도 중요하지만, 서로가 주는 에너지가 다르다. 그래서 일부러 팀을 나누어준다. 평소 별로 친하지 않지만 조가 되면 의논도 해야 한다. 그리고 시간마다 인증사진을 찍어준다. 누가 팀원인지 확인하고 모여있는 것이 익숙하게 보이기 위해서다. 그럼 서로 어떤 자세로 사진을 찍을지 얼굴 맞대고 의논을 한다. 서로 친밀감을 더하고 서로의 출석도 챙겨주면서 반겨주면서 어색함이 줄어진다. 어떤 모임이든지 중요한 세 가지가 있으면 성공한다고 생각한다. 정보, 재미, 감동이다.

"황금색 코스모스가 피었어요!!!"

아파트 앞 정원에 아주 넓은 공간에 황금색 코스모스 꽃이 피었다고 피크닉을 주선했다. 종종 홀라수업이 끝나면 삼삼오오 커피 타임을 하고 헤어진다. 산들산들 가을바람이 불어 화창한 날씨가 기분 좋은 어느 날 자꾸 재촉한다. 그리고 피크닉 계획을 짰다. 정말 생각보다 넓은 장소에 황금색 코스모스가 피어있었다. 코스모스 사이를 지나니 정자가 있었다. 이미 다른 사람들이 있었기에 모퉁이를 돌았더니 또 테이블이 있었다. 발 빠른 팀원이 이미 자리를 확보하고 준비해온 음식을 펼쳐놓고 있었다. 예쁜 피크닉 테이블보를 준비해서 깔아놓고 각자가 준비한 음식이 가득했다. 인절미 떡에 꿀을 찍어 먹고 진하게 내려온 커피와 함께 먹는데 신선이 따로 없었다. 달콤한 과일과 쿠키, 빵을 입안 가득 넣고 또 넣었다. 그리고 먼 하늘과 시선을 맞추며 끝없는 수다의 삼매경에 빠졌다. 서로의 상황을 스스럼없이 이야기하는데 금방 언니, 동생이 되고 공감대가 형성되었다. 슬슬 일어나서 꽃밭을 거닐며 사진을 찍었다. "이렇게 서세요. 여기가 좋아요" 하며 카메라 감독처럼 자세를 만져주며 사진을 잘 찍어주는 회원이 있다. 그리고 너무 아름다운 풍경에 훌라를 안 할 수가 없었다. 가지고 온 스피커 음악에 맞추어 춤을 추는데 거리공연 시간이 된 것처럼 꽃구경 온 사람들이 쳐다보고 한 곡이 끝나니 손뼉을 쳐주었다. 기분이 좋아진 회원이 더 추라고 요청했다. 연신 영상을 찍어주는 모습에 미소가 번지기 시작했다. 덩달아 추는 사람도 높은 하늘과 키만큼 커있는 코스모스 사이를 가르며 춤을 추었다. 정말 즐거운 장면이 아닐 수 없다. 그리고 조금 실력이 좋아지면 서로서로 거리공연처럼 춤을 추자고 다음 약속을 기약한다. 여전히 다음 가을이 되면 꽃은 피어있을 것이다. 그때 모두 함께 맞추어진 춤을 추면 기분이 다를 것 같다. 훌라가 좋고 사람이 좋고 자연이 좋고 모든 것을 즐길 수 있는 넉넉한 마음이 좋다. 가장 기쁘게 만들어줄 하루가 있다면 웃을 수 있는 여유가 있다면 어떤 어려움도 이겨나갈 힘이 생길 것 같다. 혼자서 만들기 어려운 시간을 함께하면 부끄러울 것도 없다. 스스로 즐기면서 행복한 모습에 빠져들기는 어렵다. 함께 모여 춤추는 시간, 자연을 보며 만발한 꽃 속에서 향기를 맡으며 그 자리에 서 있는 아름다운 여인들이 어찌나 소중한지! 돌려다오 내 청춘을 마음은 어제와 다름없는데 점점 나이만 배불리 먹고 있다는 푸념이 귀에 쟁쟁하다. 나이와 상관없이 우린 춤추며 먹고 웃는다. 오늘을 그냥 즐긴다.

하와이훌라클럽 공연단 첫 연습이 있는 날이다. 다른 곳에서 수업하다 만나서 처음 보는 사람도 있었다. 공연단은 일반 수업과 다르다. 하와이훌라클럽을 대표해서 공연해야 하기 때문이다. 시간과 노력을 더 많이 들여야 하므로 자원하는 것이 중요하다고 생각했다. 하와이 훌라클럽이 창단된 지 얼마 되지 않아 실력의 차이는 별로 없다. 누가 얼마나 관심과 열정이 있느냐의 차이일 것이다. 그렇게 점수를 주려면 모두 새롭게 단원을 뽑은 직후이기 때문에 열정 온도는 최고이다. 장소 대관에 신경을 썼다. 공연단원이 집중할 수 있고 몰입감을 주기 위해 최고의 장소에서 연습하고 싶었다. 대관 신청날짜를 기다리며 꼭 가고 싶었던 장소에 대관을 마쳤다. 모두 가지고 있는 통일된 단복 빨간 파우를 입고 준비하고 있었다. 빨간 파우에 하얀색과 노란색의 하와이무궁화를 꽂고 있는 모습에서 신선함이 느껴졌다. 새로운 작품을 배우기 위해서 그 안에 있는 다양한 스텝을 익히면서 몸을 서서히 풀기 시작했다. 밖에는 한겨울 추운 기운이 감돌지만 춤추고 있는 공간의 열기는 한여름이었다. 땀이 흘렀고, 물 마시는 시간을 몇 번씩 주었다. 처음부터 다시 기본을 다져야 하므로 스텝을 맞추는 것은 아주 중요했다. 그리고 작품에 있는 다양한 표현을 섬세하게 알려주었다. 아주 재미있는 하와이 악기들의 표현을 간접적으로 익히는 시간이기도 했다. 처음 배워보는 동작을 과감하게 표현했다. 공연단을 대표할만한 곡이라고 생각해서 조금 재미있지만 까다로운 곡을 준비한 것은 사실이다. 하지만 모두 초집중하는 모습에 덩달아 입이 바싹 마를 때까지 지도했다. 한 곡을 끝까지 배운 직후 조금의 휴식시간을 주었다. 그랬더니 바로 준비한 음식을 펼쳐 보였다. 빨간 체크무늬의 테이블보를 깔고 죽 솥을 들고 왔다. 단팥죽이다. 한 그릇씩 떠서 한입 입에 넣었다. 단맛과 짠맛의 조화로운 건강한 맛이 입안 가득 퍼지면서 몸 안으로 흡수되는 듯했다. 한참 뛰고 왔던 터라 그리고 늦은 저녁이라 배가 고팠을 것 같다. 네 번이나 먹는 단원도 있었다. 팥 한알 한알에 정성이 입안 가득 퍼졌다. 한자리에 오손도손 모여서 먹는 모습이 소풍 나온 여학생들 같아 보였다. 화창한 날이 되었을 때 바깥에서 모이자며 만나면 다음을 기획한다. 이벤트를 준비하는 선수들 같다. 한바탕 웃고 배불리 먹고 또다시 연습을 시작했다. 이번엔 촬영을 해두고 싶었다. 여행 가서 배우지 못한 결석생이 보고 연습해야 하기 때문이다. 순조롭게 또 어색하게 잘 따라 하면서 첫 연습을 마쳤다. 단톡방에 올라가는 추억의 사진들이 즐비하다. 감사의 멘트가 한가득이다. 또 하나의 따뜻한 경험이 쌓인다. 빨간 팥죽과 빨간 파우의 절묘한 조화, 빨갛게 달아오른 사람들의 볼처럼 열정은 불타올랐다. 인생을 살면서 한번이라도 뜨겁게 살아본 적이 있는가? 내가 뜨겁게 춤을 추는 이유는 살기 위함이다. 한시름 모든 것 잊어버리고, 춤추는 시간만큼은 세상에서 가장 행복했으면 좋겠다.

홀라하고 먹고 웃고 즐긴다. 먹는 것이 그리 중요하지 않을 수 있지만, 분위기를 좋게 한다. 콩 하나도 나누어 먹는 기분에 정이 든다. 다시 수업해야 하므로 과하게 먹지는 못한다. 사탕 하나 입에 물고 당분을 보충하는 것만큼 달콤한 것은 없다. 신선한 오이를 잘라 조각을 나누기도 하고 커피 한 모금 입에 넣고 환기를 시킨다. 먹으면서 또 웃게 된다. 수다가 시작된다. 서로의 안부를 물으며 서로의 이야기를 들어주고 토닥거린다. 춤추고 먹고 웃고 즐기는 것이 연속이다. 우리도 모르는 사랑의 에너지가 생긴다. 그렇게 쌓인 정이 모여 아름다운 관계가 형성된다. 춤 잠깐 배웠다고 뭐가 달라지겠는가? 마음이 달라진다. 서로 교감하는 감동 때문에 하루가 감사하다. 감동이다. 재미있어진다. 그래서 모이게 된다. 자연을 보면서 사람을 보면서 아름다운 홀라를 추며 즐기고 싶으시다면 지금이라도 시작해 보라. 가장 좋아하는 일이 생기면 분명 사람들과 함께하게 된다. 그럼 뜻밖의 선물처럼 피어오르는 따뜻한 무언가 마음속에 자리 잡게 될 것이다.

중년여성에게 훌라가 있어 천만다행이다

한 달에 한 번 찾아오는 불청객이 있었다. 월경이다. 옷을 예쁘게 입지 못하고 가방이 두툼해져야 했다. 앉아있을 때 누웠을 때 불편함을 감수해야 했다. 더운 여름이면 불쾌감이 생겨 평소 하지 않는 향수를 뿌리기도 했다. 어느 날, 이것으로부터 해방되었다. 서서히 신호를 보내듯 갑자기 말도 못 하는 양이 쏟아지듯 하더니 그다음 순식간에 사라졌다. 6학년 겨울방학부터 지금까지 두 번의 임신 기간을 제외하고 어김없이 찾아왔던 불청객이 이제 오지 않았다. 조금 이른 나이 47세에 폐경을 맞이했다. 왠지 시원섭섭했다. 이제 자유다. 그것도 잠시, 미세하게 변화하는 감정의 기복이 생겼다. 나도 모르게 오르락내리락하는 온도 차이가 느껴졌다. 혼자만 후끈 달아오르는 열기에 갑자기 더워지고 별거 아닌 것에 섭섭해하기가 일쑤였다. 먹는 것은 모두 살이 되어 몸무게는 늘어갔다. 의욕도 없어지고 무기력해졌다. 서서히 내 몸은 노화가 되어가는 느낌이었다. 중년 나이에 경험하는 갱년기가 찾아왔다. 몸도 마음도 주최할 수 없이 피곤하고 허무감에 느껴지는 우울한 상황이었다.

　누구나 겪는 갱년기, 중년여성이면 공감하는 현상이지만 내게 조금 일찍 찾아온 경험은 뒤돌아보면 해결방법은 두 가지였다. 혈압약을 먹는 것과 훌라댄스를 만난 것이다. 갑자기 가슴 통증이 와서 숨을 잘 쉬지 못하고 쉴 때마다 뻐근하고 아팠다. 자연스럽게 쉬어지는 숨이 고통스러워지는 경우는 처음이었다. 별안간에 운전하다가 느껴서 숨을 몰아쉬며 정신을 집중해서 겨우 회복이 된 경험은 아찔했다. 그리고 다시 아침 출근길에 통증이 와서 가슴을 쥐어짜듯 숨이 쉬지 않아 겨우 다시 진정하고 병원을 갔지만, 다행히 큰 이상은 없었다. 그리고 혈압이 높다는 진단을 받았다. 아주 높은 편은 아니지만, 관리해야 한다는 것이다. 폐경 직후에 찾아온 몸의 변화에 받아들여야 할 것이 많았다. 이제 노화가 시작되는 게 분명했다. 병원 문턱을 자주 넘어야 했다. 약을 타기 위해 가야 할 문턱이다. 마음을 고쳐먹었다. 비타민 먹듯이 먹으면 된다고, 처음 마음의 충격이 서글펐지만 그래도 오래 건강하게 살려면 지금부터 관리하는 것이 좋다고 생각했다.

　운동해야 하는데 내게 적합한 것을 찾기 어려웠다. 퇴근하면 몸이 천근만근이어서 그냥 누워 자기 일쑤였다. 내 머릿속엔 아예 운동은 없었다. 운동할 틈에 조금 더 쉬었으면 하는 것이 먼저였다. 그런데 약을 먹기 시작하면서 달라졌다. 해야겠다는 마음이 생겼다. 그것도 우연히 발견한 동영상이 내게 잠자고 있던 운동신경을 깨웠다. 하와이 훌라댄스라고 하는 장르를 알게 되었다. 우아하고 아름다운 춤을 추고 싶다는 결심이 앞을 나섰다. 그리고 검색을 해봤다. 다행히 집 가까운 곳에 배울 수 있는 곳을 발견했다. 매주 토요일 주어진 한 시간이 내 일생을 바꿔놓았다. 몸과 마음에 산소를 공급하듯 신선한 힐링과 활력이 생겼다. 내게 안성맞춤인 춤의 세계는 일상에 활력을 불어 넣어주었다. 알지 못했던 분야에 호기심을 가지고 알아가는 재미는 자극을 주기 충분했다. 물론 지금 생각하면 혼자 멋에 취해 있었던 것이 분명했다. 거울에 비친 나의 모습은 파우를 입고 선생님을 따라 겨우 추는 정도였다. 그래도 잘되지 않는 몸을 흔들면서 가사에 맞추어 춤을 예쁘게 추려고 노력했던 기억이 난다.

　훌라강사가 되고 회원에게 훌라댄스 하면서 느낀 점을 자주 묻는다. 한 프로그램을 무사히 마치고 한명씩 돌아가며 이야기할 때이다. 한 회원이 자신은 갱년기 우울증이 와서 하루가 무척 힘들었다고 한다. 그런데 훌라를 배우면서 음악을 매일 들었고 훌라수업에 참석하면서 마음이 즐거워지고 기분이 좋아졌다는 이야기를 했다. 그 회원도 훌라의 첫 만남에 마음도 몸도 치유가 되는 것을 느꼈나 보다. 감사한 일이다. 지금은 공연단에 입단해서 활발한 활동을 하고 있다. 특별히 훌라는 중년여성에게 안성맞춤이라 생각한다. 예전 아줌마들이 화려한 의상을 입고 다이어트 한다고 에어로빅을 하며 몸을 흔든 기억이 난다. 국민운동처럼 한 번쯤은 다 해봤을 것 같다. 지금은 라인댄스가 인기가 가장 좋다. 나중엔 분명히 훌라를 추면서 모두 즐길 날이 머지않았다는 상상을 해본다.

훌라댄스가 중년여성에게 좋은 이유는 아주 다양하다.

첫 번째, 몸을 유연하게 해주고 하체 근육을 강화해준다. 상체를 펴고 무릎을 굽혀 추는 춤이다. 그리고 좌우로 골반을 움직인다. 이 기본동작이 원활하게 되지 않으면 부드러운 움직임을 기대하기 어렵다. 처음엔 허리도 아프고 허벅다리가 뻐근하다. 코어에 힘이 없으면 엉덩이를 뒤로 빼고 움직이기 때문에 허리에 통증이 느껴진다. 점점 바른 자세를 유지하면서 골반을 움직이다 보면 자기도 모르게 근육이 강화가 된다. 하체 근육이 발달하고 힘이 생긴다. 춤을 추면서 저절로 생기는 힘이기에 고통스럽게 참아야 하는 경우가 없다. 상체를 곳곳 하게 펴고 있어야 하므로 구부정한 거북목 자세를 교정해준다. 오래 책상에 앉아있어 자연스럽게 어깨가 굽혀진 상태를 점점 펴지게 도와준다. 무엇보다 기본자세가 중요하다. 상체는 펴주고 허벅다리의 근력은 단단해진다. 처음엔 부드러운 동작을 하는 듯 보여 쉬운 춤이라고 생각한다. 하지만 조금씩 해보면 상당한 운동 효과가 있다고 이야기한다. 제대로 호흡하며 집중하면서 춤을 추면 순간 달리기를 한 것처럼 숨이 차오른다.

두 번째, 이야기 춤이다. 손으로 그림을 그리듯 표현을 한다. 수어처럼 단어에 서로 통용되는 동작이 정해져 있다. 꽃을 표현할 때 다섯 손가락을 세워 한곳에 모아 꽃봉오리 같은 모양을 만든다. 나무, 산, 물고기, 바다 모든 노래의 가사가 하와이 풍경의 자연을 그대로 표현한다. 춤을 추면서 상상을 한다. 살랑살랑 부는 바람에 코코넛 나무가 흔들리며 유유히 바다 갈매기가 춤추며 날아가는 풍경을 그림 그리듯 손으로 표현한다. 금방이라도 내가 서 있는 곳이 넘실거리는 파도를 배경으로 한 해변에 있는 듯 착각이 든다. 아름다운 멜로디가 마음 깊숙한 곳을 어루만지듯 평온하고 잠잠해진다. 최대로 상상력을 발휘하며 춤을 출 때 아름다운 미소가 그윽해진다.

세 번째, 기억력을 좋게 한다. 발은 알맞은 스텝을 하면서 손으론 가사 내용을 표현해야 한다. 손 따로 발 따로 그리고 일체를 시켜야 한다. 초보자는 기본스텝이 익숙하지 않아 따로따로 생각해야 한다. 그래서 머리가 아주 복잡하다. 발동작 생각하려니 손동작이 금방 지나가고 엉성해져 춤추는 내내 버벅거린다. 보통 1절부터 4절까지 노래 가사가 나오면 이것을 기억해야 한다. 첫 동작이 나오면 그다음 줄줄이 따라오는 동작이 되려면 잘 기억해야 한다. 노래 기억하랴 동작 기억하랴 정신이 없을 수 있다. 그런데 즐거워한다. 처음부터 아주 많이 진도를 나가지 않는 이유가 있다. 개인 차이가 있다. 잘하는 사람은 금방 외운다. 하지만 여전히 뒤돌아서면 하나도 기억이 나지 않는다는 회원도 있다. 그래도 따라 하면서 잘 춘다. 점점 하다 보면 외워지고 기억이 나고 반복을 많이 하면 훨씬 좋아진다.

네 번째, 꽃과 치마 의상이 화려하다. 보통 나이가 들어가면서 꽃을 좋아한다. 자연이 보이기 시작한다. 그래서 계절의 변화에 꽃들이 피고 지고 그 과정이 보인다. 춤을 추면서 하와이 꽃을 장식한다. 머리에 꽃핀을 장식한다. 의상에 맞추어 각가지 색상의 핀을 꽂는다. 공연할 때는 꽃목걸이도 하고 머리에 화환도 하고 아름다운 여인으로 변신한다. 노랑, 빨강, 파랑, 보라 예쁜 치마를 구경하는 재미도 있다. 누가 이쁘나 대결하듯이 한주 한주 다양한 모습으로 꾸미는 회원들이 있다. 내가 나를 사랑하는 방법이 아닐까 싶다. 거울 앞에 보이는 자신을 최대한 예쁘게 하고 춤을 추면 얼마나 행복한지 모른다.

그 모습이 모여 서로 행복한 미소를 지으며 춤을 추는 모습은 너무 아름답다.

훌라가 있어 천만다행이다. 중년이라는 나이에 훌라를 하게 되었다. 건강도 찾고 마음도 힐링하고 그 에너지가 일상을 즐겁게 해준다. 내가 나를 일으켜 세워주는 시간만큼 소중한 것은 없다. 모두가 춤추는 시간만큼은 한 보따리 가득 담고 있는 걱정, 근심, 무거운 짐을 던져버린다. 오로지 아름다운 하와이 여인이 되어 감미로운 음악에 맞추어 춤을 춘다. 초집중, 가사를 생각하고 동작을 생각하면 어느새 훌쩍 시간이 흐른다. 내게 있어 더할 나위 없는 훌라춤, 건강하게 유지하며 평생 함께할 춤임을 강조한다. 그래서 훌라댄스 대중화가 내 마음에 가득한 것 같다. 춤추어 볼까요!!!

자발적인 훌라이벤트도 우린 개최한다

23년 11월 24일 금요일, 훌라 파티를 위한 운영회가 조직되었다. 11월 17일 금요일, 공연을 무사히 마친 직후 몇몇 회원과 대화를 나누었다. "선생님과 식사 한번 하고 싶어요. 가능한 시간 알려주세요" 적당한 음식점을 물색하고 있었다. "밥만 먹고 헤어지기보단 우리끼리 파티하면 어때요?" 즐거운 수다를 하다가 누군가 훌라 파티를 하자고 제안했다. 12월에 크리스마스 파티를 하자는 제안이었다. 21명이 똘똘 뭉쳐 공연하고 그 여흥이 가시지 않은 때라 충분히 가능한 일이었다. 순식간에 일사천리로 날짜 정하고 우리만의 장소를 정했다. 운영위원장이 결정되고 운영위원회 6명이 선출되었다. 팀별로 음식 담당, 프로그램담당, 선물담당으로 역할을 분담했다.

23년 12월 13일 준비위원회가 모였다. 홀라댄스 수업 장소에 따라 나누었다. A, B, C그룹으로 나누어서 각 대표자 2명을 단톡방에서 선출했다. 구체적인 역할분담을 하고 진행 상황을 확인하기 위한 날이었다. 화려한 크리스마스트리가 장식된 2층 파티 장소를 먼저 답사했다. 오붓하게 모여 우리만의 파티를 하기에 적당한 장소였다. 벌써 흥분이 되는 분위기였다. 매의 눈으로 그릇과 테이블 위치 등을 살펴본다. 그리고 카페로 이동했다. 빵 굽는 냄새, 화려한 장식과 어울려 풍미 있고 아늑한 분위기였다. 오전이라 커피값도 착했다. 서로 안면은 있지만 이렇게 오래 대화를 나눌 정도는 아니었다. 공연할 때도 팀별로 연습을 했기 때문이다. 그런데 파티준비를 하면서 서로 더 친해졌다. 파티를 더욱 재미있게 하려고 아이디어를 짜내기 시작했다. 그리고 드레스 코드를 생각했다. 그리고 투표로 정해 상품을 주자는 의견이었다. 아주 재미있을 것 같았다. 그래서 상품으로 파우를 선물하기로 했다. 갑자기 욕심이 난다고 하면서 알 수 없는 기운과 함께 서로 눈이 번쩍였다. 최고의 드레서로 누가 뽑힐지 궁금했다. 음식 담당팀이 뱅쇼를 하겠다고 했다. 과일과 와인을 함께 끓여 차가웠던 몸을 따뜻하게 해주는 과일주였다. 그랬더니 와인을 가져오겠다는 회원에 일이 척척 진행되는 모습을 지켜보고 있는데 흐뭇했다. 프로그램 담당팀은 장기자랑 섭외를 마쳤다며 좋아했다. 입장료는 2만원으로 정했다. 그 예산을 가지고 모든 참가 회원에게 선물을 주려고 아이디어를 냈다. 행운권 추첨에 당첨되지 못하면 서운하다고 파티를 좋게 마무리하려면 모두에게 선물을 주자고 했다. 지혜로운 의견에 모두 승락을 했다. 그리고 적은 예산으로 어떤 선물을 준비할지 궁금했다.

23년 12월 20일 수요일 당일이다. 훌라 파티를 위해 미리 장소로 갔다. 장소예약을 10시~4시까지 해두었다. 준비하고 마무리를 하려면 앞뒤로 1시간씩은 비워두어야 할 것 같았다. 일찍 간다고 했는데 벌써 도착해서 준비하고 있었다. 선물담당팀은 전날 눈을 맞으며 상품을 구매해 장소에 미리 놓아두었다고 한다. 포장을 해야 하기에 서둘러 온 것이 분명했다. 노란 봉투와 한 테이블에 생활용품 (물티슈, 수세미, 고무장갑) 등이 쌓여 있었다. 하나씩 담고 빨간 리본으로 마무리하는 모습이다. 그리고 음식 팀이 도착했다. 큰 그릇과 와인병, 음식박스를 옮기는데 이 많은 걸 남편 찬스가 아님 할 수 없는 일이었다. 건물 앞까지 옮겨주었다고 한다. 정말 고마운 일이 아닐 수 없다. 일사 문란하게 그릇에 내용물을 담기 시작했다. 진하게 우려낸 육수 오뎅꽂이를 넣었다. 떡꽂이도 넣었다. 속이 야채로 꽉찬 김밥, 김장김치, 직접 만든 도토리묵, 모두가 좋아하는 피자, 과일 등 파티 음식이 풍요로웠다. 그리고 직접 회원이 만든 수제 케이크도 2개 도착했다. 얼마나 많이 고민하고 음식을 준비했을지 그 정성이 느껴졌다. 괜하게 음식점에서 간단하게 식사를 하자고 할 걸 하는 미안함도 생겼다. 그런데 즐겁게 준비하는 모습이 달리 보였다. 척척 해내는 모습이 역시 달랐다. 자신이 할 수 있는 일에 기뻐하며 자발적으로 행동하는 모습에 감탄이 절로 나왔다.

한명 두명 도착하기 시작했다. 파티의 주인공들이 왔다. 깜짝 놀랐다. 드레스 코드는 빨강이라고 했다. 파우 상품이 걸려있기 때문에 모두 신경 쓴 티가 분명히 났다. 훌라 미스코리아 진이라 씌워진 띠를 어깨에 두르고 왕관을 쓰고 있었다. 빨간색의 뽀글이 머리가발을 쓰고 썬그라스를 쓴 회원, 빨간옷이 없어 엄마의 오래된 블라우스를 입고 온 회원, 검은 드레스에 빨간 부직포로 훌라라는 글자로 멋진 글씨체로 한땀 한땀 바느질을 해서 반짝이는 장식을 하고 왔다. 산타망토, 산타 모자, 트리 머리띠 등 화려한 장식이 넘쳐났다. 진짜 파티 복장이었다. 누구 하나 평범함이 없이 독특한 개성을 가지고 참여했다. 준비위원장님의 인사로 파티는 시작되었다. 준비위원회와 함께 모든 사람이 기쁜 파티가 진행되었다. 준비한 음식들을 마음껏 먹었다. 오순도순 모여 앉아 이야기꽃을 피우며 음식 하나씩 먹는 모습이 정겨웠다. 그리고 테이블을 모두 치우더니 라인댄스 팀이 장기자랑 시간이다. 그물 스타킹과 짧은 치마, 반짝이는 상의를 입고 유연하게 신나게 춤을 추었다. 평소 조용하게 훌라를 추던 회원이 요리조리 움직이며 춤을 추는 라인에 모두 홀딱 반했다. 우레와 같은 함성과 박수로 분위기는 한껏 올랐다. 프로그램 사회를 맡은 회원, 러시아에서 금방 온 것처럼 테이블보를 몸에 두르고 아라비안나이트에 나올법한 모자를 쓰고 시선을 집중했다. 그리고 팀을 나누어 앉게 했다. 아주 예전에 했을 법한 게임을 설명하는데 이해할 만하면 다른 게임으로 넘어가기에 모두 배꼽을 잡고 웃었다. 제기차기에선 서로의 팀에 점수를 주려고 대표선수들의 기세가 하늘을 찔렀다. 하지만 모두 하나, 둘이 고작이었다. 어린아이들같이 웃고 또 웃었다. 베스트 드레서를 뽑는 순간이 왔다. 누가 되었을까 모두 막상막하였는데 한 땀 한 땀 정성을 다해 만들었다는 회원에게 돌아갔다. 머리 하얀 헤어스타일에 검정 원피스, 가슴에 생긴 영문 훌라(HULA) 진분홍으로 새겨진 글씨와 히비스커스 꽃장식과 함께 잘 어우러져 있었다. 정성 가득한 준비였다. 한 명에게 주기 아쉬워 그림 액자, 와인을 준비해 3명에게 더 선물을 주었다. 모두가 다 베스트 드레서 이었다. 모두 동그랗게 서 있는 가운데 마지막 감사의 인사를 하고 돌아가며 한 사람씩 안아주었다. 모두 돌아가며 행복한 크리스마스 인사를 안아주며 나누었다. 한 사람도 빠짐없이 안아주었다. 훌라로 만난 사람들과 흥겨운 교감이 정말 아름다웠다. 헤어지는 순간까지 환하게 웃는 미소가 생생하다. 마지막은 훌라댄스를 추었다. 이날을 위해 연습해 두었던 것처럼 모두 신나게 추었다.

자발적인 훌라 파티가 훌륭하게 마무리가 되었다. 24년 1월 3일 수요일 준비위원회가 모였다. 새해를 맞이해 첫 모임이다. 알뜰하게 살림을 잘 마친 회계보고와 함께 준비위원장이 커피와 빵을 대접했다. 그날의 추억을 떠올리며 도와주었던 회원들과 마지막 컷을 찍는데 어찌나 기쁜지 모른다. 너무 고생하고 힘들어서 다음엔 하지 말자고 했더니 "그럴 거였으면 아예 시작하지 않았지요" 하면서 돌아올 12월 훌라 파티를 위해 다시 보완하는 분위기였다. 못 말리는 열정을 누가 막을 수 있을까 그래서 다음을 기약하기로 했다. 또 어떤 이벤트가 준비될지 기대가 된다. 어마어마한 기획력과 실행력은 꼭 나를 닮은 것 같다. 그 선생에 그 제자라고 흔히들 말한다. 손과 손이 마주쳐야 손뼉이 쳐진다. 자발적으로 추운 날씨에 선물을 사러 다니는 봉사와 무엇을 먹일까 고민하며 준비한 정성과 아이디어 넘치는 게임으로 알찬 시간을 보내게 한 모든 준비하는 손길이 너무 고맙다. 또 하나의 좋은 기억을 남기고 두고두고 할 말이 생기니 모이면 할 이야기가 많다. 그래서 만나서 수다를 그만하자고 했다. 자꾸 할 일이 생기니 하고 싶은 일이 생기니 누가 좀 말려줬으면 좋겠는데 모두가 좋아하는 일이라면 해야 하는 것이 백번 생각해도 맞는 것 같다. 무슨 일을 기획할 때 과연 그 일이 누구를 위한 일인가를 생각해 봤을 때 서로를 위한 것이라면 당연히 해야 하는 것이 맞다. 춤을 추는 사람들의 아름다운 친교는 따라오는 행운이다.

무대의 떨림과 뿌듯함이 삶의 활력소이다

사람은 누구든 한가지는 재능이 있다. 그것을 발견하고 다 쓰고 가야 하는 것이 중요하다. 재능의 크기와는 상관없다. 자신에게 있는 소박한 재능을 소중히 여기고 발전시켜온 사람들이 바로 평범함에서 위대한 사람들이다. 아직 속에 있는 것이 밖으로 나오지 않았을 뿐 그것이 터져 나올 때 비로소 누구든 비범함으로 도약할 수 있다.

나는 새벽에 글을 쓴다. 그것이 습관이 되었다. 일어나 거울을 보며 내 안의 나를 살피고 웃어준다. 그리고 혈압약을 먹고 나의 보금자리에 앉는다. 어둠 가운데 밝혀진 스탠드 불빛 아래 노트북을 열어 흰 백지 A4 용지를 펼친다. 잔잔하게 흘러나오는 음악 소리를 배경으로 아무것도 없는 흰 백지 위에 덩그러니 놓여있는 한 문장에 몰입한다. 늘 그랬듯이 불가능하다고 생각하지 않는다. 다 쓸 것을 기대하며 무언가 떠오르는 생각을 붙잡는다. 강물이 흘러가듯 내 의식의 강물도 흘러간다. 써야 할 말들이 떠오른다. 누군가에게 이야기하듯 생각이 글이 되어 만난다. 내가 깨달은 만큼 발견한 의미들이 파도치듯 역동적으로 부딪히면 깊게 빠져들어 간다. 오로지 톡톡거리는 키보드 소리만 있을 뿐 나는 먼 나라에 다녀온 듯하다. 시간을 거슬러 내가 태어나지 않았던 시간으로 우주 속의 먼지처럼 둥둥 떠다니다 현실의 나에 집중한다. 그 짧은 찰나에 혼자가 된다. 혼자만의 몸부림이다. 나는 새로워지는 느낌을 받는다. 꿈틀대는 꿈을 꾼다. 새로운 것을 깨달은 순간에 찾아오는 마음의 기쁨은 어느 것과 비교할 수 없다. 나만의 희열이 새로운 에너지가 된다. 내가 느꼈던 감동이 책이 되어 첫 번째 독자로 만났다. 끙끙대며 만들었던 시나리오가 날개를 달고 여기저기 날아다니는 듯했다. 전국 서점에, 온라인에서 내 꿈이 펼쳐진다. 책상 위 작은 불빛이 태양 빛처럼 확대되었다. 꿈의 자리에서 미래를 향해 날갯짓하듯 상상의 나래를 펼친다. 그렇게 매일 나의 무대는 새벽에 이루어졌다.

생활 예술인이 되었다. 훌라를 하면서 사람들을 많이 만났다. 어린이집에 방문했다. 제법 규모가 있어 큰아이들이 많은 편이었다. 똑같은 유니폼을 입은 아이들이 둘리 탈을 쓴 인형과 노래를 부르고 있었다. 옆방 대기실에서 아이들이 가득 찬 교실을 살짝 들여다보았다. 너무 귀여웠다. 서둘러 무대의상을 갈아입었다. 하늘색 파우에 흰 블라우스를 입고 무대화장을 했다. 두 곡을 준비했다. 무대는 아이들과 약간의 거리만 있을 뿐이다. 금방이라도 흥에 주최할 수 없는 아이들이 걸어들어오면 무대의 경계는 없어진다. 꼬마 천사들과 함께 있어 행복했다. 다양한 생활 예술인이 함께했다. 벨리댄스팀, 우쿠렐레팀 등 다양한 곳에서 모여 아이들에게 자신의 기량을 마음껏 보여줬다. 신기한 아이들은 연예인 보듯 쳐다보며 즐거워했다. 우리 순서를 무사히 마치고 "함께 춤을 추고 싶은 사람 나오세요" 했더니 제법 아이들이 손을 든다. 그래서 앞으로 나오게 하고 목에 꽃목걸이를 걸어주며 훌라를 따라 했다. 내가 알고 있고 잘하는 재능을 나누어서 서로 기쁨이 된다는 것이 좋았다. 아이들 앞이라도 무대는 긴장된다. 나만의 무대의 예절이 있다. 그것은 스스로 창피하지 않을 때까지 연습하는 것이다. 먼저 내가 즐거워야 한다. 그래야 전해주고 싶은 에너지가 충분히 발휘된다. 자신감하고는 조금 다르다. 전해주고 싶은 메시지를 몸으로 표현하는 것이 춤인데 어설픈 동작으로 잠깐의 눈속임은 할 수 있지만 내가 만족할 수 없는 무대는 누구 하나 감동을 줄 수 없다. 그래서 무대에 오르기 전 피나는 연습만이 답이다. 그렇게 노력 끝에 무대를 끝마치고 나서도 언제나 아쉬움은 남는다. 채워질 수 없는 것이 무대이다. 대상자가 어린아이이든, 어른이든 상관없다. 언제나 무대는 나와의 전쟁터이다.

　훌라 공연단을 만들었다. 혼자가 아닌 함께 추는 춤은 너무도 아름다울 것 같았다. 똑같은 의상을 입고 똑같이 춤을 추는 상상만으로 흥분되었다. 넘실거리는 파도가 물결치듯 자연스럽게 흘러가는 훌라를 출수 있기를 기대했다. 첫 번째 무대는 야외 버스킹이었다. 6월의 한낮은 생각보다 뜨거웠다. 일찍 도착한 일행은 바깥에 나갈 엄두가 나질 않았다. 사람들을 피해 지하주차장에서 몸을 풀기 시작했다. 우리는 모두 긴장이 되었다. 솔로 한 곡, 단체 두 곡, 모두 땀을 흘리며 장소와 상관없이 막바지 연습을 했다. 첫 번째로 함께 하는 낯선 무대가 기다리고 있기 때문이다. 수국이 예쁘게 피어있는 공원에 무대가 설치되었다. 아주 큰 스피커에서 음악 소리가 웅장했다. 통기타 가수가 먼저 멋진 무대를 만들고 있었다. 무대 밖 관객이 되어 앉아서 노래를 들으며 대기를 했다. 단원이 쭉 앉아서 기다리는 모습이 너무도 예뻤다. 더운 열기에 땅은 달구어져 있었지만, 맨발로 무대에 섰다. 순서에 맞추어 정신없이 옷을 갈아입으며 한무대 한무대에 집중했다. 관객들의 시선이 느껴지며 떨리는 손끝을 진정하며 노랫말에 마음을 담았다. 솔로 순간이 되었다. 보통 혼자서 춤을 출 기회는 많지 않다. 시간도 없고 무대가 크다 보니 많은 사람이 서길 바랬다. 하지만 이번 버스킹은 다양한 것을 보여주기 위해 인원수를 조정하며 연출했다. 그래서 솔로 무대를 넣었다. 무대 중앙에 서서 음악이 나오길 기다렸다. 처음 시작 음악이 나오더니 또 다른 음악이 나왔다. 스피커의 문제일 거라 생각하고 그냥 시작했다. 초반에 조금 하다 보니 음향이 고쳐지질 않았다. 춤을 추다 멈추기는 너무 어색했다. 잠깐 마음으로 고민했다. 다시 시작할까 그냥 할까 그런데 이미 마음으로 몰입하기 시작했다. 그리고 멈출 수가 없었다. 그래서 처음 시작했던 음악에 맞추어 끝까지 춤을 추었다. 메아리처럼 울렸던 음악 소리가 귀에 거슬리지 않았다. 그것 또한 넘어가야 할 우연함이라 생각했다. 지금 생각하면 아찔한 순간이기도 했다. 좀처럼 박자를 맞추기 어려웠을 텐데 말이다. 모두가 함께 무대에 서서 마지막 곡을 추었다. 기립해서 손뼉 치며 즐기는 모습에 덩달아 높은 하늘빛이 너무도 아름다웠다. 돌아오는 차 안에서 단원들의 이야기꽃은 멈출 줄 몰랐다. 남은 간식을 나누어 먹으며 첫 번의 긴장되었던 순간들을 상기된 표정으로 떠들었다. 마치 소풍 나온 어린아이들처럼 말이다.

수없이 많은 무대에 서본다. 그때마다 다양한 이야기가 있었다. 쉽게 얻어지는 것은 없다. 자신이 노력해도 안 되는 상황이 벌어진다. 생각지도 않은 문제는 언제나 있기 마련이다. 하지만 깊은 울림이 있다. 무대가 주는 교훈은 언제나 겸손함을 선물한다. 처음 시작부터 끝날 때까지 운명에 맡겨야 한다. 순간의 실수가 있으면 모두가 꼬여 버리기 때문이다. 그래서 몸이 저절로 움직일 때까지 연습밖에 답이 없는 것이다. 또 하고 또 해도 지루하질 않다. 무대의 떨림과 뿌듯함이 삶의 활력소를 만들어준다. 사진과 영상을 보면서 고칠 곳을 수정하면서도 뿌듯하다. 두 번 다시 오질 않을 그 순간이 언제나 고맙다. 입술이 바짝 말라 오르는 느낌을 감추기 위해 태연한 척 웃으며 여유를 찾는다. 그 기술이 삶에도 유지된다. 무대의 떨림이 지나가기를 바라면서 끝나버리면 아쉬움이 생긴다. 그 미련이 다음을 기약하게 된다. 다시 만나게 된 뿌듯함이 기쁨이 되어 일상이 더욱 활기를 찾는다. 내가 찾은 무대, 내가 선택한 무대에서 즐길 것이다. 내가 가진 재능으로 꽃이 활짝 피기까지 다듬고 노력해서 화려해지기를 희망해본다.

훌라 언니, 훌라 동생, 훌라로 뭉쳤다

진정 가치 있는 것은 무엇일까? 내가 가지고 있는 것을 나누는 것이 아닐까? 사람마다 독특한 재능이 있다. 그것을 아는 것, 그리고 개발하는 것, 나누는 것이 얼마나 값진 것인지 깨달아진다. 그리고 삶을 더 풍성하게 해준다. 어떨 땐 내가 이래도 되나 하는 생각이 들 때도 있다. 수많은 사람이 실력자가 쟁쟁한데 고작 이런 걸 가지고 무얼 할 수 있어서 하는 마음이 들 때도 있다. 그래서 괴롭다. 먼저 크게 웅장하게 하는 사람들의 발뒤꿈치를 따라가기란 힘이 들 것이다. 왜냐하면, 오래전에 시작해서 만들어진 아우라이니까 그런데 착각하는 것이 있다. 그 오랜 세월 노력의 흔적들은 사람들은 보지 못한다. 지금 당장 성공만을 볼뿐이다. 그래서 한순간 비교하면서 아주 작아진다. 작은 몸부림이 어쩜 처량하게 보일 때가 있다. 그래서 괴롭힌다. 더 큰 일을 하고 싶다는 성급한 생각에 사로잡히게 된다. 내가 펼쳐 보일 수 있는 것은 고작 이런 것인데 하며 힘이 쭉 빠질 때가 있다.

2023년 12월 훌라워십 공연단을 모집했다. 조건은 훌라를 사랑하는 사람이면 되었다. 그런데 하나의 조건을 더 붙였다. 하나님을 사랑하는 사람이어야 한다. 딱 두 가지였다. 춤을 추는 행위가 중요한 것이 아니라 그 안에 마음을 합할 수 있는 조건이 필요했다. 춤을 추는 기술은 시간이 지나면서 발전될 수 있다. 하지만 마음은 내가 할 수 있는 것이 아니다. 그것도 워십, 예배드리는 경배하는 마음은 더욱 그렇다. 그래서 어쩜 그것이 처음이다. 그래서 다섯 명이 되었다. 그리고 첫날 모임을 진행했다. 한 달에 한 번 훌라워십 강습회로 만나 서로 안면은 있었다. 그땐 잠깐 스쳐 가는 얼굴이라면 이제 소수로 모이는 공연단으로 만나니 서로 어색했다. 그래도 각자 공연단을 지원한 동기를 들으며 눈도장을 찍었다. 헤어지고 얼마 지나 문자가 한 통 왔다. 고민이 많았던 한 회원의 문자이다.

'마라나타공연팀 실력자님들이신데 저는 실력자도 아니고 전문성도 없다 보니 생각이 복잡해져서 선생님 생각을 듣고 싶어요. 나이

제한이든지 여러모로 미달인데 취미반이 지속한다면 취미반으로 머물러야 할지 저의 생각 정리가 필요하지 않나 싶네요. 몸과 마음으로 주님 사랑 고백하고 선포되는 건 포기할 수 없고요. 어찌할까요?'

곰곰이 생각할 것도 고민할 것도 없었다. 그리고 단번에 기도문을 작성해서 단톡방에 올렸다.

마라나타 홀라워십 공연단 기도문(23년 12월 12일)

1. 하나님의 부르심에 '아멘' 하고 순종한 주의 딸들의 마음에 환경과 작은 나를 보지 말고 전능하신 하나님을 보게 하소서
2. 기술적인 기교가 아닌 순수한 몸짓을 사랑하게 하시고 처음처럼 하나하나 다듬어가며 만들어가는 기쁨이 충만하게 하소서
3. 서로를 주님의 사랑으로 격려하고 위로하며 따뜻하고 긍정적인 에너지와 교제가 넘쳐나게 하소서
4. 공연의 일정에 함께하셔서 담대하게 주의 은혜를 선포하게 하시고 함께하는 모든 자가 주를 보게 하소서
5. 땅끝까지 이르러 춤을 추며 주의 길을 만드는 마라나타 공연단 되게 하소서

주의 이름으로 기도합니다. 아멘

그 이후론 아무런 말이 없다. 사랑한다면 충분하다는 이야기에 부족하지만, 열심히 노력하겠다는 답장을 받았다. 그리고 정성껏 끓인 팥죽과 직접 재배해서 만든 맛 난 김치를 가지고 와 단원들과 중간 쉬는 시간을 배불리 채워주었다. 새해를 맞이하는 전날 문자가 왔다.

'새하얀 눈이 소복소복 쌓여 마음 설레는 아침입니다. 소중한 김경부샘님 모든 단원, 23년의 해는 저물어가고 24년도 새해 맞을 준비하고 계시는 거죠. 하나님의 나라는 말에 있지 않고 능력에 있음이라 (고전 4장 20절) 하나님께서 연약한 자를 강하게 훈련하셔서 어두움에 묶인 자들을 향하여 놓임 받도록 빛이신 그분의 능력을 선포자로 세우셨으리라 믿습니다. 마라나타는 샘을 중심으로 크고 비밀한 일들을 보게 하시고 행하실 것을 믿습니다. 설렘으로 몇 자 올린 글 읽어 주셔서 고맙습니다.'

훌라로 뭉쳐진 훌라 언니, 훌라 동생이 너무도 소중했다. 공연을 위해 드레스를 맞추기로 한 날이다. 일찍 연습을 마치고 출발하려는데 지나가다 맛집을 발견했다며 우리를 데리고 갔다. 마다할 수 없는 자원하는 마음이 느껴져 쫓아가서 푸짐하게 아귀찜 한 상 먹었다. 비빔밥까지 배불리 먹고 일어서는 단원들의 얼굴에 함박꽃이 피었다. 상대방을 배려하는 마음이 서로 불편하지 않은 선에서 주거니 받거니 진행되었다. 특별한 회비를 걷어 운영하는 것이 싫었다. 매번 끝나고 식사를 해서 시간을 오래 끄는 것도 그랬다. 연습이 목적이 되어야 하는데 다른 것에 시간을 뺏기는 것이 신경이 쓰였는데 이해를 했는지 잘 지켜지고 있는 것 같다. 서로를 아껴주는 마음이 보였다. 50대, 60대 나이로 서로 나이 차이는 분명 있지만 금방 언니, 동생으로 서열이 정리된다. 서로의 공통점이 분명하므로 나이는 하나의 현상일 뿐이다. 만들어갈 목표가 분명하므로 상관없다.

공연단을 위해 특별히 창작했다. 공연단 이름이 '마라나타' 이다. 그래서 '마라나타' 곡을 선곡해서 안무를 완성했다. 내가 만들게 된 배경과 어떤 의미가 있는지 충분히 대화하며 설명할 수 있었다. 그래서인지 동작이 통일감이 있어 보였다. 아직은 더 연습이 필요하겠지만 이해하고 그것을 더 뾰족하게 만들어가는 것이 중요하다. 그렇지 않으면 모가 나서 이리저리 딴 동작으로 표현할 수 있다. 몸으로 표현하는 것은 정신이 함께 가야 한다. 혼자 하는 솔로보단 그래서 함께하는 군무가 더욱 아름답다. 한사람이 추는 것처럼 추어야 하기 때문이다. 그것은 호흡이 맞으면 된다. 같은 생각과 마음으로 움직이면 어려운 동작들과 각이 맞고 때로는 여리게 때로는 강하게 표현할 수 있다. 나는 서로의 개성을 존중하는 편이다. 몸의 차이가 분명 있다. 신체적으론 키가 크고 작고, 몸이 뚱뚱하고 여위고 차이가 분명하다.

그것이 각자의 독특한 원래의 개성이다. 그것을 똑같이 하기 위해 애쓰는 것도 노력해서도 할 수 없는 것이 분명 있다. 리더는 그 모든 것을 수용해야 하고 알아야 한다. 장점을 더욱 극대화해서 잘 표현할 수 있도록 도와야 한다. 그들에게도 표현의 자유는 있다. 환경의 다름을 보기보단 하나로 만들 수 있는 것을 찾으면 된다. 내가 찾은 것은 사랑이다. 춤을 사랑하고 춤을 추는 대상자를 분명히 알고 마음을 모으는 것 그것이다. 내 마음과 몸을 통해 전해지는 메시지를 하나로 만들어 움직임을 만든다. 그 호흡이 모아 아름다운 몸 하모니가 만들어지고 그것을 정성껏 전달하면 감동적인 울림이 생긴다. 그것이 예술이다. 자유의 몸짓이 전해지는 편안함과 역동적인 감동이 삶의 활력을 불러일으키는 것이다. 그것의 보답은 진심으로 느낀 감동을 박수로 들려온다. 이 얼마나 뿌듯하고 아름다운가? 누군가에게 내가 빛나게 할 수 있는 만큼의 빛으로 반짝반짝 빛나는 것을 멈추지 않으면 된다. 보여주면 된다. 내가 가지고 있는 소중한 재능을 우습게 여기지 말고 오랜 세월이 지나면 또 다른 큰 별이 되어있을지 누가 알겠는가. 내 첫걸음 내 발걸음은 오늘도 당당할 수 있는 이유가 된다. 주눅 들지 말자. 내 빛대로 살자.

춤추는 생활예술인, 훌라여인들

예술이란 무엇일까?

'예술은 쾌락이 아닌 인간을 결합시키기 위한 것이다.' 톨스토이의 말이다. 예술은 사람과 사람을 연결해준다. 사람과 세계가 소통하는 하나의 매체가 된다. 수많은 예술가가 자신의 삶에 대한 체험, 인간에 대한 사고를 명확하면서도 설득력 있게 표현한다. 그 매체가 글, 음악, 미술, 무용 등 서로 다른 예술형식으로 표현된다. 그래서 숙련된 예술가들의 작품을 보며 감탄하고 위로를 얻는다. 누구의 소유가 아닌 우리가 모두 누릴 수 있는 예술이 점점 생활 속으로 퍼져가고 있다. 일상에서 감상하는 것을 떠나 직접 경험해보는 생활에서 문화를 배우고 즐길 기회가 많다. 일명 '생활예술'이라고 한다. 생활예술이란 소수의 전문적 예술활동이 아니라 일반 시민 모두의 자유롭고 자발적인 예술활동을 일컫는다. 언뜻 낯설고 새로운 개념처럼 느껴지는데, '자발적 예술', '비공식 예술', '참여 예술' 등 전문예술가가 아닌 비전문가들의 영역에서 이루어지는 예술활동을 일컫는 개념들이라고 한다.

훌라수업 날이다. 수업 장소에 일찍 도착한 사람들이 보인다. 문을 열고 들어가 보니 수업시간인 줄 알았다. 벌써 파우를 갈아입고 핸드폰으로 나오는 음악 소리를 들으며 훌라를 하고 있었다. 선생님이 따로 없다. 몸을 풀기 위해 일찍 도착하는 사람들 순서대로 합류해서 훌라를 한다. 기분 좋은 모습이다. 더운 여름이면 일찍 도착해 춤추기 좋은 온도로 만들고 겨울이면 따뜻하게 분위기를 만들어 시작부터 남다르게 느껴진다. 하나라도 더 먹을 수 없을까 입을 벌려 받아먹는 새끼 새처럼 새로운 동작을 배우는 시간이면 열중한다. 그럼 더 신이 나서 가르치는 데 지치질 않는다. 무엇을 할 때 자세와 태도가 너무 중요하다는 생각을 한다. 새로운 장르의 춤을 배우는데 처음에는 어색하고 골반의 움직임도 자유롭지 못했다. 한번 두 번의 만남이 점점 훌라 세계에 빠져들어 가게 했을 것 같다.

처음 배울 때 나도 그랬다. 치마 하나 들고 수업을 하러 가는 길이 설렘 가득하였다. 오늘은 무슨 곡으로 춤을 출까 제목은 이야기하는

데 하와이어라 금방 외워지지 않았다. 음악이 들리면 겨우 곡을 이해할 정도였으니까 평범하고 익숙한 일상을 벗어나 색다른 문화를 접하는 것이 신기했다. 파우를 입으며 준비할 때 거울을 여러 번 쳐다보았다. 고무줄 4줄로 허리 부분이 있는 게 신기했다. 평소보다 뚱뚱해 보여 신경이 쓰이기도 했다. 최고의 몸무게였을 때이기도 하다. 그땐 내가 나를 사랑하는 강도가 조금 덜 했을 때이다. 거울에 비추인 내 모습을 아주 소심하게 찍어보기도 했다. 지금 보면 얼굴은 웃고 있는데 구부정한 자세를 하고 있어 현저히 지금과 차이가 느껴졌다. 나에게 처음이 있고 지금 내가 가르치는 처지에서 회원의 마음이 나처럼 그때처럼 느껴졌다. 그래서인지 내가 춤을 추며 아쉬웠던 점을 보완하고 더 잘 가르치려고 하는 마음이 드는 것은 사실이다.

'생활예술인' 이란 용어가 아주 가까이 내게 다가온 것은 공연하고 나서이다. '생활예술인 동아리발표회'를 하고 나서였다. '지금 하는 것이 생활예술 활동을 하는 거였구나!' 어쩜 자부심을 느꼈던 것도 그때 일이다. 현재 무얼 하고 있는지 알아차림이 정말 중요한 것 같다. 그럼 그 일에 소명의식이 생긴다. 내가 하는 일이 아주 작은 일이지만 소중하다는 생각을 했다. 한팀에 2곡씩 6곡을 연습했다. 준비하는데 3개월이란 시간이 주어졌다. 그동안 수업시간에 잘 할 수 있는 곡으로 해도 충분하지만, 더욱 좋은 공연을 위해 새로운 곡을 더

집어넣고 싶었다. 그러다 보니 새 곡을 익혀야 하는 시간으로 충분하지 않았다. 매일 연습해도 부족한데 일주일에 한 번 연습해서는 불가능할 수도 있었다. 이것만 하는 것이 아니라 다른 수업을 병행하면서 준비해야 하므로 머릿속은 복잡했다. 그래서 계획표를 짰다. 한 팀씩 2주는 집중해서 연습하고 막바지에 모두 함께 모여 동선과 입 퇴장연습을 하면 되겠다고 생각했다. 전체 출연진이 겹치지 않는 선에서 의상과 소품도 구상을 마쳤다. 만약 계획표를 만들지 않으면 이렇게 저렇게 변경하고 싶어질 게 분명했다. 사람 마음이 더욱더 욕심을 부리면 한도 끝도 없다. 굵은 뼈대를 만들어 틀에 가두어두면 내용물을 알차게 풍성하게 만드는 작업은 시간이 필요하다. 처음 설계가 중요하기에 콘셉트를 정하면 흔들림 없이 진행해야 한다. 이렇게 저렇게 바꾸다 보면 목표했던 곳에 도달하기는커녕 시간만 허비할 수 있기 때문이다. 작품에 맞는 의상의 색상과 소품의 종류를 정하고 나면 구매를 해야 한다. 그것도 시간이 걸리는 일이다. 해외배송이 조금 기다리는 경우가 있다. 하와이 물품을 사야 하므로 시간이 필요하다. 좋은 공연을 위해 준비하려면 많은 시간과 생각을 해야 한다. 그런데도 팀원의 열정이 없었다면 해낼 수 없다. 시간은 흘러 순조로운 연습과정이 지나갔다. 연습하는 시간과 자신감은 비례한다. 그리고 실력도 자신도 모르게 늘게 된다. 앞사람 따라 하던 동작을 혼자 해야 한다. 혼자만 덩그러니 놓여있는 것 같은 무대의 공포를 이길 수 있는 것은 연습밖에 없다. 그 점이 더욱 긴장되게 만든다. 하지만 모든 과정을 통과한 이후 현저히 변화가 일어났다.

언제나 수동적이던 자세가 자발적으로 변화되었다. 눈동자의 힘이 느껴졌다. 취미 생활로 가볍게 여겼던 사람들 안에 '생활예술인'이란 자부심이 생긴듯하다. 무대의 떨림과 노력한 만큼 춤을 추고 난 후 사람들의 박수 소리를 분명 기억하고 있을 것이다. 실수하지 않으려 남에게 피해를 주지 않으려 했던 마음으로 연습을 하고 짜릿한 맛을 느낀 사람들이 자신을 가꾸기 시작했다. 자신감이 생긴 당당한 모습에 춤을 추는 자세마저 달라 보였다. 그냥 따라 하던 것에 기본자세를 잘 유지하려고 애쓰는 모습이 보인다. 흉내 내기에서 조금 알면서 추는 모습으로 변해갔다. 내가 무슨 말을 하면 이제 이해하는 눈치이다. 잔소리처럼 계속 반복해도 제자리인 것 같은 느낌이었는데 몸으로 느껴지는 일체감이 생겼다. 점점 변해가면서 마음도 변해갔다. 일상에서 차지하는 비중이 이제 훌라가 더 많아졌다고 한다. 어쩌다 가끔 하는 운동의 개념이 아닌 더 많은 시간을 들여도 좋을 만큼 생활 속에 춤의 예술이 스며들고 있다. 내가 더 많이 뛰어야 하는 이유가 여기에 있다. 시간을 많이 투자할수록 더욱 애착이 많아지기 때문이다.

훌라인이 되었다. 평범한 일상에 예술을 집어넣었다. 훌라를 하는

'생활예술인'이 되어 한 발자국씩 걸어가고 있다. 혼자가 아닌 함께 하면서 행복하다. 자신을 표현하는 것이 어려운 일이다. 주체적인 결정을 하면서 꾸준히 한다는 것도 칭찬해야 한다. 예술의 세계는 지극히 주관적이다. 누구의 인정을 받기 이전에 자신의 자아를 잘 표현해야 한다. 그래야 분명한 메시지를 만들 수 있다. 소심하게 주춤거리면서 춤을 출 수 없다. 손을 뻗어 들어 올리고 흔들면서 자신의 마음을 담아 몸으로 표현해야 한다. 그래서 언제나 자아가 깨어있어야 하고 당당해야 한다. 발을 시원하게 뻗어 최대한의 정성 어린 동작으로 시간이 흘러가는지도 모르게 춤으로 공간을 누빈다. 내가 만든 몸짓이 최고인 양 여린 미소를 얼굴 가득 하고 춤을 춘다. 춤을 다 추고 난 후 숨을 고르며 음악이 마무리될 때까지 멈추어 서 있는 순간이 가장 아름답다. 어찌 되었든 음악은 끝이 나고 내가 다녀왔던 춤의 메시지는 가슴에 살아있다. 아름다운 자연을 그리며 춤을 추는 일체감을 느끼며 멈추어진 순간의 사람들의 표정은 환하다. 언제나 보석같이 반짝반짝 빛나는 원석이다. 언제나 춤을 추며 행복해하는 여인들의 춤의 여정은 아름답다. 함께 춤을 추는 여인들이 있어 감사하다. 춤추는 생활예술인, 훌라여인들이여 화이팅!!!

제4장
훌라에 열광하는 진짜 이유

흔들흔들, 가볍게 흔들며 건강해진다

　장수의 비결을 노인 환자를 볼 때마다 물어보는 의사가 있었다. 외딴 시골에서 나이 많은 농부를 진찰한 적이 있는데 90세의 나이였다. 의사를 한 번도 본 적이 없다고 했다. 그래서 건강하게 장수하는 비결이 무엇이냐고 물었다고 한다. 잠시 생각하더니 "장수의 비결이라고 할 만한 것은 없지만, 그래도 한가지 꼽자면 매일 일하느라 기분 좋게 땀을 흘리는 게 아닐까?"라고 답했다고 한다. 적절한 운동은 건강에 영향을 미치는 것이 사실이다. 운동을 통해 일주일에 700칼로리 이상을 태운 사람은 그러지 않은 사람보다 더 오래 살았다고 하버드 대학교 동창생들을 대상으로 연구한 결론이 나왔다고 한다. 그만큼 운동이 인간의 수명과 관련이 있다는 것을 알 수 있다. 점점 나이가 들어가면서 사람들의 관심사는 건강하게 또 행복하게 인생을 누릴 수 있는지에 대한 관심이 깊어졌다. 그리고 노후의 삶의 질은 천차만별이라는 것이다. 그래서 미래를 육체적으로나 정신적으로 더 건강하고 풍요롭게 만드는 방법을 찾게 된다.

 내가 선택한 평생 운동은 훌라댄스이다. 겨울의 끝자락에 살랑거리며 봄비가 내리는 날이다. 겨울과 봄이 만나 겨울 추위와는 다르게 몸속까지 스며든다. 찬 기운이 유독 느껴지며 비까지 오니 날이 스산하다. 집 가까운 장소를 대관하고 수업을 한다. 아침 문자는 '오늘도 예쁘게 하고 오세요'라는 말을 남겼다. 그렇지 않아도 화려하게 장식하고 오실 회원에게 불을 지폈다. 파우를 입고 수업 장소에 도착하니, 이미 공기를 따듯하게 하고 연습하고 있는 회원이 웃으며 반긴다. 그리고 따뜻한 차 한잔을 건넨다. 구수한 무말랭이 차라고 한다. 입안 가득 담백한 맛이 좋았다. 시작할 때쯤에 거울 앞에 노란 꽃, 보라 꽃, 핑크 꽃과 같이 아름다운 훌라 걸들이 모였다. 어느새 환한 빛이 감돌았다. 한 사람씩 뿜어져 내는 미소 향기가 수업 장소를 틈도 없이 가득 채웠다. 알로하, 사랑의 몸짓이 느껴지는 감동의 도가니이다. 좌우 골반을 가볍게 흔들며 동작을 유연하게 움직이는 모습에 파도가 넘실거리는 잔잔한 바다가 떠오른다. 앞으로 갔다 다시 옆으로 향하고 이동한다. 그 순간이 되면 일제히 한결같이 움직이는 정성 가득 들어 올린 팔에 한가득 보이지 않는 에너지가 있다. 그것이 서로가 느끼는 일체감이라 생각한다. 집에서 혼자서는 여러 번 반복이 어렵다. 물론 참으며 할 수 있지만 조금 흥미를 잃는다. 하지만 여럿이 반복하는 것은 재미있다. 내 모습 보다가 다른 사람들 모습을 보다가 함께 열심히 하는 모습을 보면 괜히 잘해지는 느낌이 든다. 동작을 외우려고 하지 않아도 저절로 기억이 난다고 한다. 그러니 함께 만나는 시간을 기다렸을 법하다. 일주일이 너무도 기다려지고 더디 간다. 그런데 한 달은 참 빨리 지나간다. 시간이 지나가면서 훌라 사랑에 빠진 회원들은 변해갔다. 단순한 몸을 움직이는 운동을 하러 오는 것을 떠나 마음의 모든 것을 내려놓고 잠시 쉬고 가는 안식처로 여긴다. 아무리 애를 써도 변하지 않는 것이 있다. 내 주위의 환경이 내 발목을 잡을 일이 생긴다.

한 회원은 갑자기 남편이 뇌졸중으로 쓰러져 꼼짝없이 긴 시간 병간호를 해야 한다. 숨통을 트일 나만의 공간이 필요할 때 훌라를 하며 웃을 일을 찾고 있다. 아주 오래 적금처럼 투자한 금액이 하루아침에 사기를 당한 회원이 아무 생각 하지 않고, 훌라를 하고 나면 좋다고 한다. 생각할수록 마음이 무너지는 순간들이 말로 표현하지 않아도 생긴다. 원망한들 속만 상하고 괴롭지만 잠시라도 잊고 즐거울 수 있는 것이 어딘가! 사실 건강하며 행복해지고 싶다기보단 살고 싶어 몸부림치는 꽃들처럼 보인다. 내가 하는 일은 그래서 하늘에서 내려준 천직이란 생각이 든다. 단순히 동작을 가르치는 일을 떠나 "자연처럼 꽃처럼 살아봐요. 어두운 곳을 속상한 것을 바라보지 말고 아름다운 자연을 봐요."라며 내가 처한 환경과 상황에 머문 시선을 돌려 황홀한 자연의 세계를 손으로 그리며 파도처럼 골반을 움직이게 한다. 한시라도 방심하면 안 되니까 집중하게 하고 저절로 빠져들게 만든다. 순간 번지는 환한 미소는 마음 깊은 곳에서 살아나는 불쏘시개가 될 것이다. 그 불꽃이 꺼지지 않도록 훌라 기운으로 계속된 에너지를 공급해서 결국 꽉 찬 용기로 바꾸는 역할을 하고 싶은 마음이 생긴다.

지하가 수업 홀이고 1층에는 카페가 있다. 수업 후 삼삼오오 모여 커피 수다를 한다. 자연스럽게 몸과 마음이 상기된 모습이다. 가방에서 주섬주섬 꺼낸다. 사탕, 빵, 견과류 간단하게 당분을 올릴 수 있는 것을 입안에 한 톨씩 넣으며 이야기를 한다. 진한 아메리카노가 입안 가득 퍼진다. 수업 후 마시는 커피는 유독 음미하게 된다. 수업을 끝낸 안도감이라 할까? 여유 있게 마시는 넉넉함이라 할까? 기분이 좋아진다. 몇몇 나를 흥분하게 하는 요인이 있다. 만나면 훌라를 어떻게 하면 알릴 수 있을까? 서로서로 궁리한다. 그러면서 첫 번째 개인 책 출간을 축하하며 이벤트 준비에 한창이다. 큰 케이크 하나를 준비하고 책에 사인하는 모습을 남겨야 한다고 단단히 일러주는 회원의 목소리는 강하게 들렸다. 가장 젊고 예쁜 회원에게 상의하듯 이야기를 나눈다. 그리고 연이어 한 달 후에 있을 발표회 때 구경 오는 사람들에게 대접할 모의를 짜고 있다. 힘들이지 말게 하라는 당부밖에 할 수 없었다. "이런 게 재미예요" 하며 한사코 나를 말린다. 무슨 조직원들같이 이번 연도 가을 축제에 퍼레이드를 해야 한다고 자원하는 사람만 해도 충분하다고 상상의 나래를 펼친다. 가만히 듣고 있으면 내가 할 수 있다고 생각이 든다. 현실에서 가능한 일들은 나도 뒤질세라 구체적인 실행방안을 만든다. 회원이 원하는 것은 하나하나 현실로 만드는 것이 좋다. 결국, 내 생각의 뿌리와 일치하기 때문에 에너지가 생긴다. 모두가 좋아하는 일들이기 때문에 조금 힘이 들긴 한다. 수업만 해도 즐거운데 활력을 주는 이벤트가 있는 것은 색다른 맛을 준다. 어쩜 그것이 억지로 되지 않고 자발적으로 움직이는 것만으로도 다행이다. 그 속에서 평생 잊을 수 없는 추억이 생길 수 있으니 말이다. 노력하는 땀들은 결국 성장의 힘을 만든다. 필요에 의한 단합의 힘은 무섭다. 콩 하나라도 나누어 먹을 때 정이 생긴다. 수업을 들으며 힐링이 되는 것을 떠나 더 확장해서 다른 사람들과 함께 좋은 것을 나누는 연습을 하는 것은 바람직하다고 생각한다.

"선생님 몸만 흔드는 것이 아니에요"
"인생이 달라져요"

한 회원의 이야기이다. 흔들흔들 단순히 훌라를 배우러 왔는데 달라졌다. 무언가 몰입하며 즐거워하는 것이 있으니 얼마나 다행인가 몸도 마음도 건강해진다. 내가 잘 할 수 있는 것을 찾아서 행복하게 성장하는 것만큼 다행인 것은 없다. 점점 나이가 들어간다. 지나가는 세월을 막을 수 없다. 많이 가진들 다 쓰고 갈 수도 없다. 아등바등 살아서 결국 병원에 돌려주는 금액이 많아질 바에는 살아있을 때 아름다운 노후를 어떻게 맞이할 것인가 미리 염두에 두는 것은 중요한 것 같다. 모두가 똑같이 늙지 않는다. 서로 다른 모습으로 인생을 마무리한다. 어떻게 하면 잘 살 수 있는지에 대한 생각은 멈추지 않는다. 내가 찾은 정답은 하루를 새롭게 날마다 살아가는 것이다. 내일 일은 몰라도 오늘 내가 해야 할 일은 안다. 내가 할 수 있는 현실의 일을 만족하며 최선을 다해 살아가는 하루 힘은 충분히 있다. 내가 만나는 사람들과 웃을 수 있는 여유는 충분히 있다. 내가 전달해줄 에너지를 아끼지 않고 전해줄 마음이 충분히 있다. 내가 주는 것보다 받는 것이 더 많아져 에너지가 새롭게 충전된다. 하루 내가 흔들흔들 훌라춤을 추며 사는 삶이 행복하다. 감사하다.

오색찬란한 의상과 소품에 황홀하다

"선생님, 이렇게 입으면 될까요?"

복지관 첫 수업을 하고 둘째 날이 되었다. 무엇을 입고 춤을 추는지 몰라 간단한 운동복을 입고 왔던 회원들이 내가 입은 옷을 유심히 보았다. 노란색 바탕에 플루메리아꽃이 커다랗게 장식된 파우를 입고 플루메리아 꽃을 꼽고 있는 모습을 찬찬히 보았다. 그리고 다음날이 되었을 때 주황색, 무지개색, 꽃무늬로 치마를 입고 왔다. 어느새 교실 안이 환해졌다. 물론 급하게 준비한 모습이 영역했다. 하지만 수업시간만큼은 화사한 치마를 입고 하와이 느낌이 나는 여인들로 변하고 싶은 마음이 컸던 것 같다. 복지관의 회원은 연령층이 높았다. 70대, 80대가 대부분인 것 같다. 하지만 손동작을 할 때 어찌나 부드럽게 움직이는지 몇 번 하지 않았는데도 오래 했던 회원처럼 능숙했다. 천천히 사는 여유 있는 나이가 되니 동작도 진하게 우러나오는 듯했다. 시간이 지나면서 점점 춤을 추는 데 관심이 더욱 많아질 것이다. 그럴수록 강당에 모여든 회원들이 색색 가지 예쁜 치마를 입고 춤을 추는 것은 시간문제일 것 같다.

겨울 끝자락에 눈이 내렸다. 처음엔 비가 내리고 점점 눈으로 변했다. 밤새 내린 눈이 아침에 보니, 나뭇가지마다 눈꽃이 활짝 피었다. 온 세상이 하얗게 변해버린 날이 되었다. 쉽게 녹아버릴 것 같은 날에 눈을 받쳐 든 가지들 하나하나가 선명하게 보이는 날이었다. 그 길을 지나 수업 장소로 향했다. 장소를 대관해서 사용했다. 지하 1층에 있는 넓은 강당이다. 가운데 기둥이 있고 네모반듯한 모양은 아니다. 하지만 그만한 넓은 공간을 구하기는 어렵다. 회원 20명이 함께 움직이려면 그곳이 딱 이였다. 지하의 조명은 그리 밝지 않다. 바닥의 색도 밤색계열이다. 그래서 사진을 찍으면 조금 어두운 분위기가 있다. 춤의 장르가 다 다르므로 보통수준으로 인테리어를 했을 것 같다. 회원 한 명, 한 명이 입장하면 달라진다. 파란색 바탕에 에후아 하와이 꽃이 장식된 파우를 입고 쿠쿠이넛 목걸이를 걸고 하얀꽃이 모여있는 화관을 쓰고 제자리에 서 있다. 색색 가지 꽃을 조화로 만들어 머리에 꽂고 노란색 빛이 나는 파우를 입고 손가락엔 노란 꽃핀으로 장식하며 서 있다. 얼마 전 새 파우를 사고 처음 입어보는 파우가 어색한지 치마를 어루만지고 있다. 삼삼오오 모여서 반갑게 인사하는 환한 미소에 금세 모두가 하와이 여인으로 변한다. 춤을 추는 맛이 더 생긴다. 춤을 추는 것으로 힐링하고 오색찬란한 치마를 하나하나 구경하는 재미가 쏠쏠하다. 누가 누가 잘하나 대결하듯이 한 명도 겹치는 것이 없이 다양한 모습으로 서 있는 모습이 신기하다. 언제 예쁜 꽃으로 장식을 해보겠는가? 언제 화려한 치마를 입어보겠는가? 평상시 안 하던 것을 회원들은 스스럼없이 장식한다. 그리고 다양한 파우를 입고 춤을 춘다. 하와이 고유의 자연에서 볼 수 있는 아름다운 풍경이 수업 장소로 옮겨놓은 듯하다. 자신의 개성에 맞는 모습에 알록달록 예쁘게 피어있는 꽃들을 모아놓은 듯 춤추는 향기가 가득했다. 누가 시켜서 할 수 없다. 처음엔 꽃을 다는 것조차 어색해했다. 하지만 시간이 지날수록 과감해진다. 부끄러워 자신을 표현하지 못하면 할 수 없다. 하지만 한 번만 해보면 된다. 한 번만 어색하면 된다.

단순한 춤을 추는 것이 아니라 왜 의상과 소품에 관심이 가는 것인지 생각해보았다. 모든 장비 발이 중요하다는 이야기를 하는데 그것도 맞는 이야기이다. 그냥 의상을 입고 하는 것이 아닌 하와이 의상을 입는 것부터 모든 교육이 시작되기 때문이다. 자세가 바뀌면 마음이 바뀐다. 그냥 추는 춤이 아닌 거울을 보며 춤을 춘다. 처음에는 다른 사람들의 모습에 신경을 쓴다. 누가 뭘 입고 무슨 장식을 했는지 구경거리가 된다. 하지만 지나면서 내 모습에 집중하게 된다. 투박하게 안 어울릴 것 같았던 고무줄 치마가 내 몸에 익숙해지면서 골반을 덮고 있는 고무줄이 안정적으로 감싸주는 느낌이 좋다. 360도로 퍼질 수 있는 치마폭이 무거워 보였지만 살랑 흔들면서 좌우로 흔들리는 치마를 보면 기분이 좋아진다. 점점 다른 사람의 모습보단 자신의 모습에 집중하게 된다. 밝게 웃는 모습이 익숙해진다. 내게 더 좋은 것, 예쁜 것을 하나 더 주고 싶은 마음이 생긴다. 거울을 보지 않고 누워서 빈둥빈둥 하는 모습보단 활달하게 움직이는 것이 훨씬 나를 위한 길 같다.

 세상은 점점 빠르게 변한다. 인공지능이 현대인들의 일상을 더 편리하게 빠르게 만들어준다. 점점 다양한 분야에서 두각을 드러내고 있다. 완벽함을 위해 거듭 연구를 하고 있다. 감히 예술 분야 특히 창의적인 분야는 오랜 시간이 걸려 완성될 것 같지만 음악, 미술, 영화 다양한 부분에서 활용되기도 한다. 이런 세상에서 행복하고 현명해지려면 어떻게 해야 할까를 생각을 하지 않을 수가 없다. 그래서 생각 없이 그냥 받아들였다가는 판단력이 흐려져서 시키는 데로 움직일 수가 있다. 나라는 존재를 분명하게 인식하지 않으면 세상을 볼 수도 세상을 이해할 수도 없다. 자연의 아름다움조차도 바라보며 즐길 여유도 없이 금방 시간은 지나간다. 각자가 서 있는 곳에서 세상을 바라본다. 내 안에 언제든 들어가 회복할 수 있는 여유가 있을 때 세상은 보인다. 내가 없는 곳에서 무언가를 해결할 힘도 능력도 없다.

오직 자신을 위한 시간을 만든다. 매일 들여다보는 핸드폰에서 잠시 벗어나는 시간을 자연스럽게 갖는다. 오직 음악과 아름다운 동작의 연속적인 움직임만이 존재하는 시간이다. 수많은 사람 틈에 내가 존재하는듯해도 그 시간은 자신을 회복할 수 있는 장소이다. 매번 그 능력을 키우는 시간이다. 평범한 일상에서 화려한 의상을 입고 꽃을 달고 있는 것은 상상할 수 없다. 훌라를 춤추는 그 시간은 모든 것이 허용된다. 낯선 곳에 여행을 가면 과감하게 옷을 입어도 누구 하나 신경을 쓰지 않는 것처럼 말이다. 각각 투명한 플라스틱 통에 그동안 모아두었던 장신구를 하나씩 꺼내며 꼽는 모습을 볼 때면 사랑스럽다. 정답은 없다. 자신이 꾸미고 싶은 데로 자신이 원하는 꽃을 장식한다. 오묘하게 색들이 조화롭다.

함께 즐겁게 즐기자. 사람마다 독특한 개성을 자유롭게 표현하는 것도 많은 연습이 필요하다. 특별한 시간에 마음껏 자신을 꾸미는 설렘이 얼마나 재미있는가? 자신이 좋아하는 색을 찾아서 뽐내듯 꾸민다. 자신을 알아주는 공간, 자신을 알아주는 사람들과 함께 기쁨의 춤을 춘다. 행복하게 살아있음을 느낀다. 자신의 개성을 마음껏 거리낌 없이 표현할 수 있는 자유가 주어진 시간을 누리는 그것만큼 행복할 수는 없다. 그것이 문화이고 예술이다. 오색찬란한 의상과 장식을 바라보는 것만으로 황홀하다. 물결치듯 한 동작으로 여럿이 함께 모여 춤을 추는 모습을 바라본다. 단순한 운동의 개념이 아닌 자신의 개성을 드러내며 어울림 속에 자유를 찾아가는 시간이 있기에 더욱 훌라댄스가 매력적일 수밖에 없다. 서로가 가진 고유한 다름을 인정하며 자신만의 고유한 가치를 발견할 기회를 만들 수 있다는 것에 의미가 크다. 점점 성장하고 점점 아름다워지는 모습을 볼 때면 너무도 흐뭇하다. 모일 때마다 변하는 자신들의 모습에 신기해하고 재미있어한다. 배우는 즐거움에 흥미는 저절로 만들어진다. 자신이 좋아하는 일에 관심을 가지고 시간을 투자하며 수준을 높이는 것은 보람이 있다. "예쁘다" 한마디에 서로 기분 좋아지고 서로가 칭찬하는 분위기가 저절로 생긴다. 그러면서 사람들이 점점 친근해진다. 서로가 느끼는 정서와 연대가 더욱 자유로운 춤을 가능하게 해주는 듯하다.

맨발로 추는 훌라, 제대로 감각이 열린다

추운 겨울날, 지하 연습실에는 차디찬 냉기가 흐른다. 히터로 실내 온도는 높일 수 있어도 바닥까지는 따뜻하게 만들 수 없다. 하지만 맨발로 춤을 춘다. 발에 닿는 곳이 처음엔 무척 차갑다. 순간, 서 있을 때 내가 발을 딛고 있던 자리가 따뜻함을 느낄 때가 있다. 여전히 옮겨 다니며 춤을 추어야 하므로 처음의 차가움은 어느새 감각을 모르게 된다. 여름에도 발이 유난히 차서 양말을 꼭 챙기는 스타일이었다. 훌라를 처음 배울 때부터 발레를 할 때 신는 슈즈를 신었기 때문에 맨발 춤이라는 것은 알았지만 필요성을 느끼지 못했다. 공연할 때 잠깐 벗는 정도였다. 지금은 매일매일 수업을 하는 상황이다. 하루에 3시간 이상 춤을 춘다. 수업 중에 앞발바닥에 힘을 모아 발목을 들어

세우는 동작을 하던 중 오른쪽 발에 힘이 분산되지 않아 삐끗한 느낌이 있었다. 슈즈 앞이 평평하지 않아서 중심을 잡을 때 불편했다. 이것이 오래되다 보니 힘을 주면서 자연스러운 동작이 나오지 않았던 것 같다. 그래서 정확한 동작을 하기 위해서 신을 벗는다. 차가운 바닥도 맨 처음은 차다. 하지만 계속 춤을 추며 있다 보면 무디어진다. 신을 신었는지 벗었는지 느낌이 없다. 생각하고 있지 않다. 그때부터인가 피곤함이 조금 덜하다. 자연스럽게 발바닥에 분산되어 힘 조절이 되다 보니 장시간 서 있거나 춤을 추어도 발이 편하다. 내 몸이 그렇게 느끼고 난 후, 차가운 바닥은 걸림돌이 되지 않는다.

하와이는 사시사철 따뜻한 날씨이다. 우리나라처럼 한겨울이 없다. 만약 그렇다면 바닥이 평평한 신을 신었을 것이 분명하다. 하지만 날씨 탓은 아니다. 더욱 분명한 이유가 있다. 신을 벗고 맨발로 춤추는 이유 말이다. 몇 가지 구체적인 이유가 있다.

첫째는 자연과의 연결이다. 하와이의 문화에서는 자연과의 조화와 연결이 중요하게 강조된다. 맨발로 춤추면 땅과의 직접적인 연결을 느낄 수 있어 자연과 깊은 유대를 느낄 수 있다. 땅의 표면이 따뜻하거나 차가울 때 발바닥으로 직접 느낄 수 있다. 직접적인 접촉으로 원초적인 상호작용을 강화해준다. 다양한 곳의 표면을 맨발로 밟으면 땅의 질감을 더 명확하게 느낄 수 있다. 땅과 연결 감을 높여준다.

둘째는 균형과 안정성이다. 맨발로 춤추면 발의 감각이 뚜렷해지고 발을 더 잘 다룰 수 있다. 발의 위치와 움직임을 더욱 정확하게 인식하고 제어할 수 있게 해준다. 춤출 때 발뒤꿈치, 발가락, 발바닥 등 다양한 근육을 사용하게 된다. 맨발로 춤추면 발의 근육을 강화하고 발의 움직임을 더욱 정교하게 조절할 수 있도록 도와준다. 발바닥이 땅의 표면에 닿으면서 발의 압력과 지지력을 느낄 수 있다. 몸이 자연과 어떻게 상호작용하는지를 더 잘 이해할 수 있게 해준다. 발의 감각이 민감해져서 움직임에 대한 주의 집중이 높아진다. 이는 훌라의 복잡한 발 움직임과 움직임에 필요한 균형과 안정성을 유지하는 데 도움이 된다.

여러 가지 훌라 발 스텝 중 일부를 설명하면 다음과 같다. 춤의 특성과 음악에 따라 다양하게 조합되어 사용된다.

Kaholo: 카홀로(Kaholo)는 훌라에서 가장 기본적이고 흔히 사용되는 발 스텝 중 하나다. 한쪽 발을 옆으로 밀고 다른 쪽 발을 따라서 움직이는 것으로, 투스텝으로 좌우로 움직이면서 반복한다.

Ami: 아미(Ami)는 허리를 원형으로 움직이는 발 스텝으로, 곡선을 그리며 허리를 회전시킨다.

Uwehe: 우웨헤는 무릎을 굽히고 발뒤꿈치를 들어 올려 다리가 살짝 벌어지는 발 스텝이다.

Hela: 헬라(Hela)는 발을 한 방향으로 슬라이딩하면서 몸을 이동시키는 발 스텝이다. 흔히 전통적인 이동 움직임을 나타내는 데 사용된다.

셋째는 문화적 전통이다. 하와이의 역사와 문화에서 훌라는 오랜 전통을 갖고 있다. 이 춤은 세대를 거치면서 전해져 왔으며, 맨발로 춤추는 것은 과거부터 이어져 온 전통을 존중하는 한 방법이다. 하와이 문화에서는 자신의 정체성과 문화적 유산을 자랑스러워한다. 맨발로 춤추는 것은 하와이의 고유한 정체성과 문화를 자랑스럽게 여기는 태도를 나타내는 것임이 분명하다. 고대 하와이인들은 음악과 춤을 통해 그들의 역사, 전설, 종교적 신앙 등을 전해왔다. 초기 훌라는 '훌라 카히코 (hula kahiko)'로 알려졌으며, 이는 전통적이고 고전적인 스타일의 훌라이다. 현대에 들어서면서 훌라는 변화하게 되었다. 새로운 춤 스타일과 음악이 도입되면서 '훌라 아우아나 (hula auana)'라고 불리는 현대적인 훌라 스타일이 등장했다. 이는 전통적인 요소와 현대적인 요소를 결합하여 하와이 문화를 대중에게 소개하는 데 큰 역할을 하게 되었다.

  넷째는 상징성이다. 맨발로 춤추는 것은 겸손과 단순함의 상징이 될 수 있다. 자유로움과 해방감을 느낀다. 신발을 벗고 맨발로 춤추면서 종종 자연의 소리를 듣고, 바람을 느끼며, 햇살을 받는 것은 마치 자유롭고 해방된 느낌을 줄 수 있다. 일상생활에서 느끼기 힘든 경험일 수 있다. 현재의 순간에 더욱 집중할 수 있게 해준다.
  필리핀 여행 중 호텔 앞이 해변이었다. 이른 아침 혼자 일어나 주섬주섬 옷을 입고 뭐에 홀리듯 해변을 향했다. 간혹 조깅을 하는 사람 외엔 조금 한적한 느낌이 들었다. 야자수가 늘어진 배경을 뒤로하고 바다를 보며 훌라를 추었다. 모래가 발가락 사이로 들어오는 감촉이 좋았다. 평평한 바닥이 아니어서 골반을 좌우로 움직이는 것도 발을 움직이며 중심을 잡는 것도 힘이 들었다. 하지만 파도 소리와 함께 자연 그대로의 풍경이 나를 춤추게 했다. 나의 춤 삼매경에 빠져 있는 사이, 지나가던 주민이 내게 다가왔다. 그리고 돈을 주고 갔다. 얼떨결에 받았는데 내가 버스킹을 가고 있는 줄 알았던 모양이다. 신기한 경험이었다. 자연 속에 어울려져 자연 그대로의 춤, 훌라는 자연에서 더욱 매력적이라는 것을 느끼는 순간이었다.

신발을 벗고 맨발로 춤추면서 일상생활에서 느끼기 힘든 자유로움을 충분히 느낀다. 어떤 구속에서 벗어나 홀가분한 기분으로 발을 자유롭게 움직일 수 있다. 꾸며지지 않은 진정으로 들어내는 맨발이 땅에 닿는다. 때론 차디찬 바닥의 냉기를 느끼면서 자유로워진다. 마음과 몸이 함께 자유로워지는 느낌이 든다. 마음과 몸이 훨씬 가벼워진다. 일상생활의 스트레스와 갈등에서 벗어나 시간을 즐긴다. 맨발로 춤추는 것은 자유롭고 해방된 상태에서 더욱 깊은 연결을 경험할 수 있도록 도와준다. 제대로 모든 감각이 열린다. 훌라를 하며 자유로운 행복감은 맨발에서부터 시작된다. 가지고 있지 않음에도 부족함을 모르고, 있는 그대로의 본질에서 벗어나지 않으려 노력한다. 그것은 거추장스러운 꾸밈이 아닌 원래의 것으로 내 몸을 통해 연결되는 육체적 정신적 감각이 살아있기를 바라는 마음이다. 언제나 그것은 유지되어야 하고 지키고 싶어진다.

건강한 호흡, 몸과 마음의 평화는 덤으로 얻는다

꽃향기 호흡법 아시나요?

꽃향기 호흡법은 아로마테라피의 한 형태로, 꽃의 향기나 향기 오일을 흡입하여 심신의 건강과 안녕을 증진하는 목적으로 사용되는 실천법이다. 특정 꽃의 향기는 심신을 안정시키고 긴장을 풀어주는 효과가 있다. 이를 통해 스트레스를 감소시키고 안정된 상태로 돌아가는 데 도움을 준다. 기분을 개선하고 긍정적인 감정을 만들어준다. 또한, 수면을 유도하고 깊은 휴식을 취할 수 있도록 도와준다. 특정 향기는 정신을 집중시키고 명료함을 증진하는 데 도움을 줄 수 있다고 한다.

강사 워크숍에 참석했다. 스피치강사의 강연중 호흡에 대해 알려주었다. "여러분, 배우가 화를 내는 대사를 할 때 어떻게 할까요?" 질문했다. "첫 번째, 화가 나는 상상을 한다. 두 번째, 호흡으로 흥분되고 화난 상태를 만든다." 질문에 답이 있었다. 호흡이다. 부드러운 대사를 할 때도 마찬가지로 호흡이 먼저라고 한다. 그리고 꽃향기 호흡법을 알려주었다. 자신이 좋아하는 특정한 향기를 생각하며 호흡하면, 몸이 확장되고 깊게 호흡을 할 수 있다고 한다. 고약한 냄새를 맡으면 코를 막고 숨을 참게 된다. 몸이 저절로 호흡을 차단하게 된다. 그렇지만 좋은 향기는 깊게 호흡하면서 들여 마시려고 몸이 반응한다. 평상시 좋은 향을 상상하며 호흡하는 연습을 하라고 했다.

얼마 전 수업을 하는데 머리가 핑 도는 현상을 느꼈다. 참고 모든 시간을 마쳤는데 집에 돌아오니 더욱 심해졌다. 속이 울렁거리면서 가만히 있을 수가 없었다. 그리고 구토를 했다. 일정이 많아져 몸에 무리가 생겼나보다 생각하고 얼마 지나면 좋아지겠지 생각했다. 될 수 있는 대로 머리를 흔드는 것은 자제하면서 지내야겠다고 생각했다. 그래도 뱃멀미하듯 울렁거리는 기분 나쁜 몸 상태가 계속되어 이번에는 병원을 찾아갔다. '이석증'이란다. 물리치료를 몇 번 하더니 매스껍고 어지러운 것은 없어진 듯했다. 정말 다행이었다. 심신의 안정을 위해 라벤더 향 아로마테라피를 했다. 집안 곳곳에 향이 나게 하고 외출할 때 목 있는 부분에 향이 나도록 했다. 어디를 가든지 편안한 기분이 나도록 말이다. 점점 몸 상태는 호전되었다. 그리고 나중에 꽃향기 호흡법이 있다는 것을 알게 되었다. 몸이 좋은 향에 저절로 반응했다. 내가 했던 방식이 호흡하게 했다는 것을 알았다. 스트레스를 안 받을 수는 없다. 긴장된 상태가 오래가지 않도록 하기 위해선 자신이 조절해야 한다. 그 탁월한 방법이 호흡이라는 것을 깊이 깨닫게 되었다.

훌라 수업을 하기 전 가장 먼저 하는 것이 있다. 호흡 정리이다. 외부의 모든 걱정, 잡다한 생각을 내려놓고 호흡으로 충분히 들여 마신다. 그리고 천천히 내뱉으면서 호흡을 가다듬는다. 몇 번을 반복하고 나면 온몸의 긴장이 풀어지고 집중도가 높아진다. 그러고 나서 스트레칭을 한다. 배우가 대사할 때 호흡이 중요하다고 했을 때 소름이 돋았다. 춤에서도 그렇다. 모든 동작이 호흡과 연관되어 있다. 손을 들어 숨을 들이마시고 내쉬면서 손을 내리는 동작을 몇 번이고 해보면 그냥 할 때와 다르다. 손만 까닥까닥할 때와 호흡과 함께 움직이는 동작 깊이는 다르다. 음악에서 소리 반 공기 반의 음색이 듣기 좋다고 하는 것과 일맥상통한다. 몸도 호흡으로 몸을 부풀리기도 작게 만들기도 할 수 있기 때문이다. 표현을 깊이 있게 할 힘이 생긴다. 춤을 열중해서 추다 보면 숨이 차고 호흡이 빨라진다. 춤을 추면서 상상을 많이 한다. 내 마음에 생겼던 아름다운 자연을 그리며 그 표현을 한다. 서툴고 잘하려면 시간이 걸릴 게 분명하다. 그래서 정교한 동작을 하기 위해 반복해서 연습하지만 어설프다. 동작을 암기해서 박자에 맞추어 춤을 추는 것은 누구든 할 수 있다. 하지만 큰 차이가 있다. 호흡을 할 수 있는지 아닌지가 분명하게 차이가 난다. 능수능란하게 호흡을 가지고 춤을 추는 것과는 참으로 다르다. 그걸 깨달은 것과 모르는 것은 또 하늘과 땅 차이다. 특별히 빠른 동작은 그래도 빠른 박자로 진행되기 때문에 그냥 지나쳐가지만 느린 곡은 골반의 움직임과 손의 각도와 호흡의 흐름이 함께 하지 않으면 동작을 끌고 갈 힘이 없어 어색하거나 미리 동작을 다 해버린다. 그래서 어쩜 느린 곳이 힘들다고 하는 것일 수 있다.

몸이 아프지만, 천천히 호흡하며 춤을 추었다. 아름다운 향기를 맡으며 호흡을 가다듬는 시간이 반복되면서, 내 몸은 원래 몸 상태로 서서히 변하는 것을 느낄 수 있었다. 눈빛이 또렷해졌다. 무언가 아련했던 현상들이 분명하게 보이고 생각이 반듯해졌다는 느낌이 든다. 오래전 신장을 기증하고 병상에 누워있을 때 홀라 생각이 간절했다. 생각보다 몸은 더디게 회복되었다. 하나의 자격증과정을 마친 후, 결과가 오리무중이었다. 확실하게 종지부를 찍고 병원에 들어가려던 계획이 숲으로 돌아가니 실망이 이만저만이 아니었다. 그때는 내 계획대로 되지 않으면 못 견디는 계획형 인간이었다. 그래서 또 다시 도전해야 한다는 생각이었기에 몸이 제대로 움직여지지 않으니 걱정이 될 수밖에 없었다. 먼저 몸이 회복되는 대로 마무리를 하려고 했는데 그게 마음대로 안 되는 것을 억지로 누르고 있었다. 아니 포기할 수밖에 없었다. 도저히 춤을 출 수 없었기 때문이다. 그렇게 한 달이 지났다. 그리고 다른 단계를 다시 도전했다. 배에 복대를 찬 상태에서 나의 훌라 사랑은 더욱 불타올랐다. 나는 여전히 건강하다고 춤을 출 정도로 회복되었다고 보여주고 싶었다. 완전히 회복되지 않았지만, 국내, 해외공연을 마다하지 않고 갔다. 무리하지 않는 선에서 나 자신과 도전했다. 불가능한 것을 가능하게 만들 수 있다는 신념으로 불타올랐다. 몸이 거의 회복되어갈 때쯤에 코로나가 왔다. 모두가 멈춤의 상태가 되었다. 내 안에 가득했던 훌라 사랑은 혼자도 가능하다고 여겨져 유튜브에 도전장을 내밀었다. 방구석 훌라댄스라는 개념으로 혼자 훌라 하는 모습을 찍어서 유튜브에 올렸다. 그 당시 내 마음은 진심이었다. 실력을 떠나 멈추면 영영 출수 없을 것 같았다. 그래서 혼자라도 춤을 추자는 각오로 계속 유지했던 것 같다.

무언가 오래 한다는 것은 내 호흡을 멈추지 않는 것이다. '언젠가는 되겠지! 언젠가는 할 수 있을 거야!' 막연하게 생각만 하면 아무 일도 일어나지 않는다. 제일 처음 시작해야 할 것은 숨을 쉬는 것이다. 어떻게 보면 단순하게 춤을 추는 것이 아니라 춤의 숨을 멈추지 않고 호흡했기 때문에 오늘 춤을 출 수 있다고 생각한다. 멈출 수 없었던 간절했던 마음의 소원을 담아 호흡으로 내게 보여주었다. 내 호흡의 숨으로 나는 점점 훌라 사랑에 깊게 빠져들어 갈 수 있었다. 그리고 두 번째 인생으로 훌라를 가르치는 사람이 되었다. 안정된 월급을 받았던 예전으로 돌아가고 싶지 않냐고 물어본다면, 한 번도 생각해본 적이 없다. 물론 과거의 내가 나를 여기까지 오게 할 수 있었을 것 같다. 길고 긴 훌라 호흡이 내게 속삭였다. 네가 원하는 삶을 살라고 너답게 살아보라고 말이다. 그래서 선택한 길에서 후회는 없다. 내가 숨 쉬는 호흡을 다른 사람들에게 가르쳐주고 있다. 그래서 행복하다. 건강하게 호흡하고 건강하게 웃는 방법을 가르쳐주는 일이 보람이 있다. 내가 할 수 있는 최고의 일을 찾았기 때문이다. 건강한 호흡 뒤에 몸과 마음의 평화는 덤으로 찾아온다. 모든 것이 감사하고 모든 것이 사랑스럽다. 새봄이 찾아오듯 겨울 끝자락에서 수분을 가득 담고 있는 생명의 환희가 곧 시작될 것 같다. 내 인생도 여러분의 인생도 활짝 피어나길 바란다. 건강한 호흡으로 마음의 평화를 기대한다.

훌라추는 순간에 부정적인 모든 것을 잊는다

'코로나 19'가 전 세계로 퍼져 팬데믹 상황에 부닥쳤다. 너무도 고통스러운 상황이었다. 감염이 되는 순간 공포의 대상자가 되었다. 자신의 목숨이 위태로울 뿐만 아니라 다른 사람을 전염시킬 수 있으므로 격리라는 처방이 내려졌다. 하루하루 확진자의 숫자에 온통 관심을 기울일 때였다. 우리 집도 피해갈 수 없었다. 방안에 아이는 방문 밖에 놓아둔 식사를 혼자 해결해야 했고 일주일 동안 갇혀있었다. 모두가 그것에 자유로울 수 없었다. 일상의 경험과는 다른 새로운 역경의 순간이었다. 상상도 할 수 없는 생활이었다. 인간의 존엄이 '안전'이란 상황 앞에 비참하게 무산되는 순간이었다. 그리고 모두가 지켜야만 했다. 서로를 경계해야 했고 철저히 혼자여야 했다. 한 사람의 확진자가 생기면 가족 모두가 격리된다. 바이러스가 확산하는 것을 막는 조치였다. 두려움과 공포 그 자체였다. 별다른 약도 없다. 무사히 그 시간이 순조롭게 흘러가기만을 바랄 뿐이었다. 기도할 뿐이었다. 무언가 할 수 없는 나약한 인간이란 생각이 저절로 나는 순간이었다. 위태로운 생명을 지키며 모두가 긴 터널을 무사히 지나가길 막연하게 기다릴 수밖에 없었다.

그토록 배우고 싶었던 훌라워십, 한 곡 배웠을 때 '코로나 19'가 왔다. 그리고 자연스럽게 모든 수업이 정지되었다. 그때 알게 된 곡은 나의 기도가 되었다. 가사에 담긴 마음으로 춤을 추었다.

수고하고 무거운 짐 진 자들아 다 내게로 오라 내가 너희를 쉬게 하리라 (마태복음 11장 28절) 말씀에 기초한 가사는 다음과 같다.

> There is no problem too big
> God cannot solve it
> There is no mountain too tall
> He cannot move it
> There is no storm too dark
> God cannot calm it

There is no sorrow too deep

He cannot soothe it

하나님이 해결할 수 없을 만큼 큰 문제는 없다

그가 이동하지 못할 만큼 높은 산은 없다

하나님이 진정시킬 수 없을 만큼 어두운 폭풍은 없다

그가 위로할 수 없을 만큼 깊은 슬픔은 없다

   내 몸을 비추는 전신거울이 있는 것도 아니다. 창문에 흐릿하게 보이는 내 모습을 바라보며 이어폰으로 들리는 음악을 들으며 움직였다. 온화한 미소가 번지며 춤을 추었다. 걱정되고 두려운 순간들을 잊을 수가 있었다. 마음으로부터 담대함이 생겼다. 아무리 애를 써도 해결할 수 없다. 그 문제를 모두 다 맡기면 돌봐주실 것을 확신하게 되었다. 그 간절함에서 나오는 나의 몸짓은 진심을 담은 고백이었다.

   차가운 겨울이 온전히 지나가면 서서히 새싹이 돋아나는 봄은 반드시 온다. 자연은 언제나 무슨 일이 있어도 찾아온다. 뚜렷한 사계절은 순환된다. 고통의 순간도 영원히 계속되지 않는다. 반드시 멈추어진다. 반드시 끝이 있다. 꽤 오랜 시간이 걸릴 뿐이다. 미래의 불투명한 상황은 고통을 주지만 한 가지 중요한 사실이 있다. 걱정하면서 고통스럽게 보낼 것인지 아니면 희망을 품고 역경을 이겨나갈 것인지 선택은 자신의 결심이다. 기다림의 연속에서 어떤 바램으로 이겨 나갈지는 지극히 개인적인 상황이다. 전 세계 모든 사람이 거쳐 가야 하는 고통이기 때문에 해결방법을 찾을 것이고 이때를 기억하자는 마음으로 변했다. 지금은 마스크도 선택적으로 사용하지만, 그때는 필수품이 되었다. 극한 고통 끝에 얻어진 것이 있다면 내성이다. 고통을 충분히 심오하게 수용할 수 있는 마음의 그릇이 커졌다고 할까 감수할 수 있는 의지가 강해졌다. 혼돈과 무질서를 정돈할 수 있고 통제할 수 있는 것은 마음뿐이라는 것을 알게 되었다. 상황은 내 뜻대로 되지 않는다. 모두가 노력해도 시간이 필요한 것들이 있다. 그럴 때 불평하고 불만스럽게 짜증을 부리면 시간을 더 고통스럽게 보낼 수밖에 없다. 그럴 때 다른 관점으로 보려고 했다. 겨울이 오면 가만히 봄을 기다리는 마음으로 만들었다.

지금도 여전히 춤을 춘다. 가르치며 춤을 추는 시간이 길어졌다. 혼자 추는 시간보다 누군가를 응시하며 춤을 춘다. 잘 따라 하는지, 작은 습관을 관찰해서 교정해주고 제대로 가르치려고 매의 눈을 가지고 쳐다본다. 그리고 시범을 보여야 한다. 그럼 혼자 가사를 음미하며 몰입하는 강도가 떨어진다. 가사를 기억하기 좋게 선창하면서 춤을 춰야 하므로 내 머리는 산만할 때가 많다. 동작하면서 생각을 해야 한다. 지친 것 같다면 재미있는 이야기를 하면서 살짝 숨돌릴

틈을 준다. 그리고 집중해서 춤을 출 수 있도록 다시 반복한다. 재미있게 하려면 맥을 끊지 않고 처음부터 끝까지 흘러갈 수 있도록 하는 것이 좋다. 그래서 수정할 부분을 잘 기억해야 한다. 호흡을 가다듬고 집중을 하게 되면 모든 것을 잊는다. 오로지 가사에 충실할 뿐이다. 그렇게 몰입하고 끝나는 순간엔 가쁜 숨을 몰아쉰다. 그때의 쾌감은 이루 말할 수 없다. 느껴봐야 알 수 있다. 거울에서 비치는 모두가 하나가 되어 춤을 추는 모습은 또 하나의 즐거움이다. 작은 파도가 넘실거리는 바다가 생각날 때도 있고, 산들산들 부는 바람에 흔들리는 꽃들 같기도 하고 상상의 나래를 펼친다. 흐뭇한 광경에 웃음이 절로 나온다. 짜릿한 감동의 연속이 춤을 추게 하는 원동력이 되었다. 극한 상황을 벗어나기 위한 수단이 아니라 내가 좋아하는 것으로 즐기는 나눔의 시간을 즐긴다. 어떤 형태로든 춤을 추는 행위는 인생이라는 제한된 시간을 초월하는 신비한 힘을 준다. 꽃다운 나이는 아니지만, 거울 앞의 내게 언제나 속삭인다. 장미처럼 향기롭고 아름답다고 이야기하는 것 같다. 마음속의 울림이 계속되는 동안, 한마음의 평화는 유지될 수 있다.

    나와 마주한 거울 속의 나에게 질문한다. "행복하니?" 그럼 어김없이 대답한다. "그럼" 함께 춤을 추는 사람들 틈에 살랑살랑 흔드는 치마의 움직임을 바라보며 말한다. 유심히 바라보는 사람들의 눈빛과 하나라도 놓치고 싶지 않아 따라 하는 동작에서 느껴지는 열기가 내가 대답할 수 있도록 만든다. 내 머리에 꽂혀 있는 꽃들처럼 각자의 색으로 분명한 소리로 내게 말하는 듯하다. 행복이 향기가 되어 공간을 꽉 차게 메우는듯하다. 거울 앞의 내가 존재하는 것만으로 충분했다. 마음속에 숨겨진 희망의 씨앗이 싹을 틔우도록 여전히 춤을 춘다. 살아있음에 감사하고 몸을 움직일 수 있는 건강도 감사하고 행복의 메아리가 되어 여기저기서 들려온다. 내가 숨을 쉬는 동안 춤은 여전히 존재한다. 나와 더불어 우리와 더불어 춤을 추며 나이 들어갈 것이다. 그 발걸음에 동참하는 것만으로 행운의 기울기는 기울어졌다. 나를 통해 춤이 퍼져가고 있는 시점에서 다시 존재한다는 감동적인 의미 있는 순간을 기억한다. 내 길을 잃지 않도록 조용히 이끄는 대로 걸어가 보자! 사랑하는 것이 이끄는 대로 나를 맡겨보자.

〈혼자산다 재미있다〉 김지연작가의 글로 마무리해본다.

인생이 풍경보다 아름답다면

이 세상에
꽃이 피고 지듯
사람들 사이에 만들어지는 이야기들이
산책길에서 만나는

풍경보다

조금 더 아름다웠으면 좋겠다.

오늘

그대와 나 사이에 일어나는 일이

만개한 벚꽃보다

아름다웠으면 좋겠다.

그것이면 된다.

훌라추며 훌라 가족이 생겼다

"당신은 행복합니까?"

물으면 자신 있게 대답하는 사람은 드물다. 하지만 가만히 생각하면 행복하지 않는 것도 아니다. 행복을 거창하게 생각하면 시원하게 대답하기 곤란할 것이고 소소하지만 즐겁게 살고 있으면 쉽게 대답할 수 있을 것이다. 스트레스가 없어야 행복한 것이라고 여기는 사람들은 행복 수준이 낮다. 반면 고통을 행복의 일부라고 생각하고 인정하는 사람들은 행복 수준이 높은 편이라고 한다. 행복은 고통의 유무가 아니라 고통에 임하는 자세에 의해 결정된다는 것이다. 좌절의 순간에도 쉽게 무너지지 않는다. 힘들지만 불행한 것은 아니라고 믿고 있기 때문이다. 행복은 '삶을 사랑하는 정도'라고 한다. 행복은 아주 특별한 것이 아니라 밥을 먹고 이야기를 나누며 함께 즐거워하고, 서로 감사하며 사는 태도에서 비롯된다.

'하와이훌라클럽'이란 이름으로 훌라공동체가 생겼다. 기관에서 운영하는 프로그램이 아닌 주도적으로 마케팅, 회원관리, 수업 운영까지 모두 관리하며 진행한다. 희망하는 요일에 따라 화, 금요일로 나누어 진행한다. 오래 진행하다 보니 자연스럽게 훌라반의 성격을 만들 수 있었다. 신규회원이 자주 들어올 수 있는 반은 조금 편안하고 따라 하기 쉬운 작품을 가르친다. 그리고 오래된 회원들은 점점 수준에 맞추어 업그레이드한다. 하지만 모든 반의 공통점이 있다. 기초훈련을 강화한다는 것이다. 뭐든 기본은 언제나 중요하다. 몸에 기본을 익히고 그 위에 작품을 더하면 더 풍성하고 아름다운 모습으로 춤을 출 수 있다. 기본을 다루는 모습도 점점 달라진다. 그래서 어떤 것을 중점적으로 가르치냐에 따라 달라진다. 오래 수업을 하다 보니 각 반마다 특성이 분명하다. 연습 장소가 넓어서 많은 회원과 만날 수 있다. 수업하는 날은 예쁜 훌라 걸이 되어 찾아온다. 처음엔 어떤 춤인지 몰랐다. 그래서 운동복을 입고 온다. 편한 바지와 운동화가 편한 복장이라고 생각한다. 나도 처음엔 그랬다. 훌라댄스라고는 알고 있었지만, 운동이라는 생각을 했었다. 그런데 점점 자신을 꾸미기 시작한다. 어떻게 구했는지 꽃으로 머리, 손, 목에 장식하고 온다.

구경하는 재미가 쏠쏠하다. 취미반이어서 그냥 허락한다. 보기도 좋고 예쁘기도 하고 보기만 해도 힐링이 된다. 언제부터인가 삼삼오오 모여있는 사진을 찍는다. 그리고 단톡방에 공유하면서 자신의 모습을 살피는듯하다. 다른 사람들과 보고 있으면서 자연스럽게 색다른 모습으로 꾸미고 오는 것 같다. 사진 찍는 것도 많은 연습이 있어야 예쁜 미소를 만들 수 있다. 평소 사진을 잘 찍어두어 나중 좋은 추억으로 만들면 얼마나 좋은가 지금이 내 인생의 가장 젊은 날이지 않은가?

하와이훌라클럽에 공연단이 생겼다. 나의 능동적인 행동은 언제나 수동태였다. "선생님 우리도 공연단 만들어요" 그 말이 떨어지기 무섭게 때가 되었다고 생각해서 1기를 모집했다. 5명이 모였다. 1년 뒤, 2기가 더 모여 10명이 되었다. 순전히 자발적인 결정이다. 무슨 일이든지 자신의 의지가 있어야 끝까지 책임진다. 누가 하라고 했다가 책임의 소지가 있으므로 모집공고를 내고 분위기를 만들었다. 활동하게 되면 어떤 의상을 입을 거라는 등 슬쩍슬쩍 이야기하면 관심 있는 사람들은 듣는다. 갈팡질팡하는 사람들은 또 한 번 고민한다. 그때 누구도 가입했다는 정보를 슬쩍 흘린다. 그럼 약간의 동요가 일어나면서 결국 신청을 하게 된다. 일반취미반과 달리 공연단의 목적은 분명하다. 공연을 위해 만들어진 단체이기에 자신을 조절할 수 있는 의지가 분명해야 한다. 시간 관리를 잘해야 연습과 공연이 서로에게 피해를 주지 않으면서 만족감을 높일 수 있다. 각자의 위치에서 최선의 노력을 하지 않으면 아름다운 작품을 만들 수 없기에 정신무장이 무엇보다 중요하다. 하나의 목표에 도달하기까지 혼자서만 잘해서는 안 된다. 춤의 하모니를 만들어 한 파도가 넘실거리듯 움직임이 같아야 한다. 그럼 춤만 잘 추어서는 되지 않는다. 마음과 몸이 하나가 되어야 담고 있는 메시지를 정확히 표현할 수 있다. 춤도 언어다. 정확한 이미지를 만들어야 무슨 의미를 표현하려는지 알 수 있다. 서로 다른 사람들이 모여 춤의 합을 맞춘다는 것은 그래서 어렵다. 혼자 추기가 더 쉽다. 군무는 피나는 연습이 있지 않으면 똑같은 춤이 나오기 힘들다. 눈치 보면서 앞사람의 동선을 맞추는 것도 중요하다. 앞에서 올리는 각도만큼 내 몸을 맞추는 것이다. 하지만 이것은 연습량이 부족할 때 센스있게 하는 행동이다. 내 몸의 흐름을 따라가려면 시선과 마음을 집중해야 한다. 서로 주위를 살피는 것은 기본이고 나의 에너지가 잘 유지할 수 있는지에 대한 점검이 필요하다. 내 색이 분명한 에너지를 만들면 다른 팀의 에너지와 합쳐져서 커다란 울림을 만들 수 있다. 무대에서 나만의 색이 분명히 나와야 한다. 그것이 군무의 매력이다. 한 사람 한 사람의 에너지가 모여야 제대로 된 하나의 춤이 완성된다.

개인 저서가 출간되었다. 나에게 있어 아주 기쁜 소식이다. 제일 먼저 누구에게 알릴 것인가 고민하지 않았다. 함께 춤을 추는 식구들이 있기 때문이다. 살면서 가장 행복한 것은 누군가가 있다는 것이다. 내가 무슨 생각을 하고 있는지 내가 하는 일에 대한 자부심이 생겼을 때 이야기할 수 있는 창구가 있다는 것이 얼마나 좋은지 알게 된다. 책 제목도 "나는 훌라댄스 강사입니다" 훌라댄스와의 깊은 끈으로 두 번째 인생이 확 바꾸어 버렸던 과정을 글로 적었다. 누군가에게 있는 시작의 의미와 시작을 통해 어떤 결과를 만들려고 노력을 했는지 끝까지 포기하지 않으면 된다는 메시지를 담고 있다. 출간 소식을 알리고 나서 세 번의 출판기념회를 했다. "선생님 배달왔어요" 수업 후 케이크를 들고 오면서 손뼉 치며 출간을 축하해주었다. 여러 회원의 얼굴을 보았다. 짧은 시간, 초를 불려고 케이크 가까이 얼굴을 내밀려고 할 때쯤에 훅 둘러보았다. 환하게 웃고 있는 회원들의 얼굴에서 진심이 느껴졌다. 다른 사람의 기쁨이 자신의 즐거움인 양 "선생님의 출간을 축하합니다." 노래를 해주었다. 너무 쑥스러웠다. '내가 뭔데 이 사람들이 기뻐하는가!' 나의 기쁨에 함께 하는 그 순간이 환해졌다. "선생님 언제 글을 다 쓰셨어요. 우리 선생님 대단하세요" 그리고 하나, 둘 책을 들고 사인을 요청한다. 내 이름도 여러 번 쓰면서 연습을 했는데 직접 하려니 서툴기만 했다.

공연단연습 날이었다. '출간을 축하합니다'라고 선명하게 새겨진 쿠키를 준비했다. 초록 파우를 입고 연습을 했더니 초록 머리띠를 준비했다. 즉석 사인회를 만들었다. 기쁜 마음으로 한 사람씩 사인을 해주었다. 기도하는 마음으로 사인을 하게 된다. 감동이 밀려왔다. 빨간 딸기 케이크의 달콤함은 아직도 기억이 난다.

또 다른 수업 후 카페를 안내한다. 한 무리가 그곳을 향해 간다. 미리 간 회원이 팬 사인회처럼 '김경부 선생님 출간을 축하합니다' 직접 만들어 코팅하고 책 이미지와 하트모양 그리고 내 얼굴 모양까지 배경을 장식했다. 그리고 반짝 빛나는 왕관을 만들어 씌어주고 봄 향기가 물씬 나는 듯 알록달록 예쁜 케이크를 들고 왔다. 여전히 회원들이 나를 둘러싸고 사진을 찍느라 바쁘다. 노란 티에 노란 파우를 입고 있어서 알에서 방금 부화한 병아리처럼 보였다. '이렇게 사랑을 받아도 되나?' 의심할 여지도 없이 계속 이어진다. 기꺼이 한 사람씩 사인을 해주었다. 함께 할 수 있는 사람들이 있어 좋았다. 기쁨은 나누면 배가 된다고 하지 않는가? 나와 함께 할 수 있는 사람들과 춤을 추며 사랑을 나누는 기쁨이 너무 컸다.

훌라 추며 훌라 가족이 생겼다. 내가 좋아하는 것으로 함께 공감하고 나눌 수 있는 사이가 되었다. 훌라로 맺어진 보통인연이 아닌 사람들과 함께한다. 가장 어렵고 힘들었을 때 내게 손을 내밀어준 사람들, 그리고 그 시간을 함께했던 사람들이기에 성장하며 이루어가는 과정을 느끼고 있었을 것 같다. 내가 받은 감동을 누군가에게 주기 위해 노력을 또 할 것 같다. 주거니 받거니 선한 에너지는 만들어진다. 알로하 정신은 무언지 잘 모르지만, 훌라 하며 알게 되는 공동체의 사랑은 알 것 같다. 사랑, 친절, 배려, 격려, 기쁨, 아름다움, 환희, 온화함 모든 것이 포함된 오색의 빛이다. 그 빛에 매일 담금질하고 있으니 아름다운 꽃이 피는 것은 당연하지 않을까 그래서 하루하루가 너무 소중하다.

존재의 확인, 다시 되살아 나는 기쁨을 맛본다

　부산으로 가는 차 안이었다. 들려온 찬송가에 귀가 기울여졌다. 창밖은 어두운데 귓가에 들리는 은은한 소리가 차 안에 가득했다. 어렸을 때는 찬송가는 좀 지루하고 따분하다는 생각을 했다. 오래전부터 부르던 박자가 조금 세련되지 않은 모양인지 신이 나지 않았다. 그래서 어른 찬송이라고 생각했다. 하지만 반세기를 살고 보니 찬송가의 가사가 너무 아름답다. 단순한 멜로디는 가사를 더욱 부드럽게 덮어주는 힘이 있고 고백하면서 부르기에 너무 와 닿았다. 갑자기 호기심이 생겼다. 이 아름다운 작사가는 무슨 마음으로 이 글을 썼을까 궁금했다.

앞이 보이지 않는 친구에게 갑작스러운 비극이 찾아왔다고 한다. 하나밖에 없는 딸과 결혼한 지 얼마 되지 않은 사위가 폭발 사고로 목숨을 잃었다. 친한 친구인 오스틴 마일즈를 찾아가 찬송 시를 부탁했다고 한다.

그 이후 오스틴 마일즈는 요한복음 20장 말씀 속에서 영감을 얻어 찬송 시를 썼다고 한다. 보이는 것 같기도 하고 들리는 것 같기도 한 아름다운 언어들이 가득했다. 죽음의 슬픔을 부활의 기쁨으로 바꾸어 놓은 감동적인 순간을 노래로 표현했다. 한 친구의 깊은 슬픔 가운데 위로의 한줄기 외침이 되었다. 그리고 친구의 바람처럼 많은 사람에게 위로가 되었다.

존재 이유가 없는 것은 없다. 무엇을 만든 이유는 분명했다. 그 쓸모에 따라 다르기는 하지만 존재할 만한 이유는 충분하다. 훌라를 좋아하게 된 이유도 이 때문이다. 거울에 비친 내 모습을 바라본다. 누군가에 의한 누군가를 위한 내 모습이 아니다. 내가 스스로 존재하는 거울 앞이 언제나 좋았다. 다듬어진 동작이 아니어도 거울 앞에 나와 계속 마주한다. 처음에는 낯설었다. 처음 입어보는 치마를 입고 있는 모습이 낯설었다. 시간이 지나가면서 나와 마주한 모습이 낯설었다. 화장하기 위해서 옷매무새를 수정하려고 보는 거울의 비친 매일의 나와는 다르다.

거울 속의 비친 나는 웃고 있다. 무언가 홀리듯 춤을 춘다. 마치 해변의 훌라여인이 되어 즐겁게 파도를 치며 갈매기를 만들며 음악에 맞추어 몸을 흔든다. 나의 뒤에 많은 회원이 내 모습을 따라 춤을 춘다. 거울 앞의 나의 기쁨의 순간이 누군가의 가슴에 파고드는 메아리가 되었으면 좋겠다. "모든 슬픔 잊어버려요. 모든 걱정 내려놓아요" 아름다운 자연 속에서 활짝 핀 꽃이 안개비에 젖어 살포시 내 손에 머물러 있는 그 순간에 찰깍 사진을 찍은 것처럼 정지되어 거기 그 자리에 한 떨기 꽃이 핀다. 사랑하는 사람을 그리는 누군가의 바람처럼 애틋한 부르짖음과 탄식이 느껴지는 듯 가슴도 애리 듯 춤에 마음그릇이 풍성해진다. 한 번쯤 그런 감정을 느끼지 않은 사람이 있겠는가?

논산 훈련소에 아들을 두고 오려니 발길이 채 떨어지지 않는 심정을 알겠는가 씩씩하게 걸어가는 아들의 뒷모습이 덤덤하기도 하지만 내 눈길이 멀어질 때마다 꽁당거리는 아들의 심장 소리가 들리는 듯했다. 누적누적 비가 내리는 날씨, 비를 맞으며 한 무리가 퇴장했을 때 이산가족 헤어짐처럼 목놓아 부르는 한 엄마의 외침에 참고 있던 눈물샘이 터졌다. 줄줄이 뒤따라 가는 무리 틈에 보이지 않을 때까지 우르르 쫓아 따라갔다. 사랑하는 사람을 그리는 한 여인의 외로

움이 파도처럼 밀려올 때면 예전 헤어짐의 그리움을 달래듯 기도했던 그때가 떠오른다. 해줄 수 있는 것은 아무것도 없었다. 오직 기도 외에는 누구도 안전을 책임질 수 없었던 그때의 간절함이 절절했다.

　살아왔던 삶의 무게가 춤 속으로 들어갔다. 깊은 슬픔, 폭풍 등의 표현을 할 때면 감정이 고스란히 들어간다. 특별히 홀라워십을 할 때면 참 많이 느껴진다. 모든 짐을 맡아 위로하는 그분을 바라볼 때면 사소한 것 하나하나, 지금 답답했던 감정들을 모두 모아 한쪽 어깨에 담아 놓은듯한 마음을 갖는다. 물론 단순한 손동작일 뿐이다. 오른쪽으로 양손을 들어 올려 왼쪽 어깨에 양손을 가지런히 모으고 투스텝으로 반복하는 동작이다. 거울 속에 있는 내 모습을 보면 사뭇 다르다. 찬송은 곡조 있는 기도이다. 그 바람처럼 그 마음을 담아 몸으로 기도를 하고 있었다. 반복해서 동작하면 강조하는 느낌이 든다. '그러니까요! 꼭 그렇게 되길 원합니다' 마음의 기도가 간절함으로 다가간다. 어느 순간 마음의 평화가 찾아온다. 내가 맡기지 못한 것이 무언가 내가 내 생각으로 스스로 걱정을 없앨 수 없는데 짊어지려고 하는 답답한 마음이 사라지듯 단단하고 희망찬 마음으로 변한다. 믿고 추는 춤은 다르다. 그 가사와 일치한 내 마음은 의심할 것 없이 그대로의 고백이 된다. 표현 하나하나가 내가 온전해지고 진실해지는 춤을 추는 순간이 만들어진다. 나를 창조하신 나를 잘 아는 순결한 그 따스한 포근함이 품 안에 가득 담긴 듯하다. 내가 춤을 추는 이유는 나를 통해 쓸모있는 존재가 되었다는 확신의 기쁨 표현이 되었다. 하늘의 천사가 우리들의 춤을 추는 모습에 화답하듯 공간이 환하게 밝아오는 듯하다. 춤을 추는 환경이 지하일지라도 꿈을 꾸며 춤을 추는 그 시간만큼은 무지갯빛이 환하게 드리우는 듯 아름답다. 내 눈에 비추인 상상의 나래를 펼치는 시간은 달콤하다. 행복한 미소가 머물고 있는 그 시간에 마주한 내가 너무 사랑스럽다. 어느 누구도 만들어줄 수 없다. 모든 선택은 내가 해야 한다. 주어진 환경을 바꿀 수 없다. 하지만 내 마음은 얼마든지 바꿀 수 있다. "왜 그러해야만 하는가?" 질문에서 "왜 이런 일이 벌어졌을까?" 냉철하게 판단하고 내가 선택할 수 있는 것에서 빠른 결정을 내린 후 긍정적인 생각으로 돌파구를 찾으면 길은 반드시 생긴다. 어쩜 아주 작은 일에서 무너질 때가 있다. 아주 큰 일은 더욱 덤덤해질 수 있다. 그래서 작은 일 하나에도 방심하지 않으려 한다. 그렇게 습관을 들이면 마음을 챙기는 일은 여유롭고 자유로워진다. 그 짐에서 오래 머물러있지 않으려고 한다.

춤을 출 때 마음을 내려놓게 된다. 머리부터 발끝까지 오로지 가사에 집중한다. 그럼 자연스럽게 정화가 된다. 아름다운 자연을 노래하듯 춤에 마음을 담으면 그 자리에 존재한 내가 너무 행복한 모습을 하고 있다. 연습 장소에 모여든 회원들이 보내주는 에너지가 희망을 파도를 일렁인다. 그 황홀한 기분에 더욱 신이 난다. 내가 존재하는 이유가 바로 여기에 있구나! 누군가에게 기쁨을 줄 수 있구나! 즐거운 순간을 만들어주는 보람된 일이라는 것을 느낀다. 신바람에 저절로 춤이 추어지며 몸을 움직인다. 후끈 달아오르는 호흡을 정리할 때 생동감을 느낀다. 건강하게 움직일 수 있다는 안도감에 감사하다. 아름다운 옷을 입고 알록달록 꽃처럼 어여쁜 모습으로 환하게 웃는 한 분 한 분을 바라보는 내가 좋다. 누군가를 그윽이 바라보는 눈빛이 저절로 장착된다. 행복했으면 좋겠다. 아름답게 나이 들어가 건강하게 춤을 추었으면 좋겠다. 그 소망을 마음을 담아 깔깔거리며 웃는 모습을 먼 시각으로 바라본다. 내 모습과 함께 어우러져 있는 들꽃들의 살랑거림처럼 흩날리는 처음으로 봄을 맞이하는 전령사처럼 말이다. 춤은 꽃처럼 피어난다. 나를 기쁘게 만들면서 아름답게 피어난다.

제5장
훌라추며 인생 꽃 피워라

여행가듯 즐겁게 추는 것이 훌라이다

화요일이다. 언제부터인가 알람을 맞추지 않는다. 나 자신의 생체 리듬에 맞추어 일어나는 습관이 생겼다. 보통 10시에서 12시 사이로 잠을 잔다. 그럼 5시에서 6시 30분 사이에는 일어난다. 자연스럽게 눈이 떠지면서 자연스럽게 일어나는 것을 선택했다. 하루의 시작을 너무 조급하게도 기계적으로 일어나고 싶지 않았다. 물론 아침 시간에 중요한 약속이 있을 때는 실수할까 봐 알람을 맞춘다. 그래도 내가 알아서 일어난 적이 대부분이다. 그럼 내가 일어난 시간부터 하루가 시작된다. 일어나서 거울 보고 한번 웃어주고 혈압약을 먹는다. 그리고 나의 책상에 앉는다. 습관처럼 책성원 단톡방에 '좋은 아침입니다. 작가님' 인사를 나눈다. 마치 이제 글을 시작한다는 사인을 보내는 듯 말이다. 노트북을 연다. 이어폰을 꽂고 잔잔한 음악을 선택한다. 다시 마우스를 움직인다. 노란 파일 이미지를 누른다. 설레는 마음으로 어제 봐두었던 목차문장이 적혀진 빈 백지를 본다. 오늘은 무얼 적을까 골똘히 생각한다. 무슨 생각을 적을까? 무슨 사례를 적을까? 그리고 실마리가 떠오르면 톡톡 키보드 소리가 음악 소리와 함께 들린다. 나만의 창작이 이루어지는 즐거운 작업이 시작된다. 네모란 이야기, 동그란 이야기 그 속에서 내가 미처 알아채지 못했던 의미를 발견하게 되면 황홀한 기분으로 무아지경에 빠진다. 내가 집중한 그 시간에 어떤 것보다 소중한 나와 만남이 시작된다. 거의 두 시간의 아름다운 사투가 끝나면 글을 쓴 흔적을 남긴다. 사진을 찍는다. 그리고 내가 쓴 글에 대한 느낌을 인스타그램에 이미지와 함께 올린다. 홀가분한 승리의 아침을 맞이한다. 나의 감정에 충실하고 진지했던 그 시간에 깃발을 높이 꽂고 하루의 시작을 알리는 듯했다.

이제 서서히 아침 훌라 수업을 준비한다. 배부르게 먹고 움직이면 좀 거북했다. 그래서 수업이 끝나면 먹었는데 이석증 진단을 받고 나선 무조건 밥을 먹는다. 내 몸을 생각해서 종합비타민을 먹기 위해선 밥을 먹어주는 것이 좋다. 내 몸은 내가 챙겨야 한다. 머릿속에선 오늘 수업 곡을 정리한다. 한 시간 반 동안 수업할 순서를 구성한다. 전 시간에 가르쳤던 것의 연속성을 유지하고 조금 진도를 나가야 하는 형태를 고수한다. 그리고 거울 보고 음악을 틀어 춤을 한두 번 쳐본다. 클래스마다 작품이 다르므로 익숙한 곡도 순간 기억이 나지 않는 상황이 생긴다. 그래서 미리 기억을 확실히 해두는 것이다. 그리고 행복한 고민을 할 타임이다. 파우를 고르는 시간, 그동안 모아두었던 겹겹이 쌓여있는 파우공간으로 간다. 노랑, 빨강, 초록, 핑크, 하늘 다양한 색에서 오늘 곡과 어울릴 파우를 선택한다. 노란색 바탕에 활짝 피어있는 꽃이 크게 장식된 파우를 집어 들었다. 그리고 상의는 왠지 블라우스를 입고 싶어졌다. 보통은 검은색으로 몸에 붙는 티를 입는데 유독 그날은 흰 블라우스를 입고 싶어졌다. 그럼 무슨 핀을 꽂고 수업을 할까? 무슨 팔찌를 차고 갈까? 귀걸이 색은 어떤 것으로 할까? 파우 하나가 선택되면 그날의 컨셉이 정해진다. 스팀다리미로 구겨졌던 곳을 쫙 피고 나면, 모두 입고 곱게 화장한 얼굴로 거울 앞에 서서 본다. 수업 장소가 걸어서 5분 거리이기 때문에 모든 옷을 입고 간다. 모든 계절이 상관없다. 겉옷만 다를 뿐이다. 주섬주섬 물을 챙기고 수업 장소로 순간 이동하듯 내 마음은 벌써 그 장소에 가 있다.

화요일 수업 장소는 1층이 카페이고 지하 1층이 연습 장소이다. 참새가 방앗간을 그냥 못 지나간다고 카페에서 손짓하는 모습이 보인다. "선생님 커피 한잔하세요" 30분 전에 일찍 가는 버릇이 있는데 나보다 먼저 도착한 회원이 부른다. 그리고 따끈한 커피 한 잔을 받아든다. 그동안 지냈던 이야기를 나누고 있으면 시간이 훌쩍 지나간다. 빠르게 내려간다. 자신의 핸드폰 음악을 틀어놓고 몸을 푸는 회원들과 옷을 갈아입는 회원들, 삼삼오오 모여 수다 하는 사람들에게 반가운 인사를 하고 나의 자리로 지나간다. 문 쪽에서 정면으로 가면 음향조정 테이블이 있다. 블루투스로 연결하다 보니 조금 가까운 곳에 있어야 잡음이 덜하다. 그리고 약속 시각이 되었다. 알로하 인사를 나눈다. 곱게 입은 파우 빛과 머리에 꽂은 꽃들이 어우러져 향긋한 향기가 나는 듯 예쁜 얼굴로 인사를 나눈다. 스트레칭으로 구석구석 몸을 풀어주고 나면 하와이 훌라댄스 기본 동작을 반복해서 연습한다. 몸에 바른 자세를 유지하면서 자연스러운 동작을 만들려면 반복하는 수밖에 없다. 날이 선 검처럼 다듬고 다듬어야 더 아름다운 몸짓으로 춤을 출 수 있다. 처음 하는 사람부터 오래전에 배운 사람까지 기초과정의 기본은 계속해야 하는 과제이다. 그래서 충실하게 하라고 잔소리를 한다. 기본연습도 재미를 더하기 위해 음악을 요리조리 달리한다. 단순한 것을 오래도록 하는 것은 힘들다. 하지만 잘하면 재미있다. 그것을 알기까지는 흥미와 재미가 없으면 하기 힘들어서 음악이라도 듣기 좋은 것으로 들려주려고 노력을 한다. 드디어 작품 하는 시간이다. 한 곡에 담긴 아름다운 가사가 던져주는 메시지를 몸으로 표현한다. 그 표현이 박자에 맞추어 잘 표현되도록 설명한다. 음악에 맞추어 춤을 추는 모습이 거울 한가득 한 폭의 그림처럼 보인다. 혼자 보기 아깝다는 생각을 여러 번 한다. 잘하려고 애쓰는 모습이 더 사랑스럽다. 서툴러도 예쁘다. 한자리에 함께 모여 아름다운 하와이음악에 맞추어 춤을 추고 있는 사람들 무조건 행복했으면 좋겠고 잘 살았으면 좋겠다는 짧은 감정이 든다. 실력이 점점 늘어가는 모습을 볼 때면 혼자 느끼는 대견함에 웃음이 절로 나온다. 잠시 휴식시간을 준다. 한두 명씩 준비한 간식을 나눈다. 달콤한 사탕, 명절 때 시골에서 가져온 한과, 곶감, 쿠키 조금씩 나누어 먹을 수 있는 것을 싸서 오면 잠깐의 당을 흡수할 수 있다. 또다시 숨 가쁘게 여러 곡을 추고 나면 끝날 시간이 된다. 다음 시간을 약속하고 수업을 마친다.

옷을 갈아입는 시간에 갑자기 식사요청이 들어온다. 유명한 파스타 집이 있는 데 가자고 그리고 나의 의사를 묻는다. 그럼 다음 수업 시간까지 괜찮을 거 같다고 따라나선다. 정말 양도 많고 값도 싼 집이다. 맛도 좋다. 누구와 함께한다는 것이 더 행복하다. 알록달록 갈아입지 않고 입고 있는 치마가 너무 예쁜 사람들과 함께 색다른 곳에 있는 것이 더 좋았다. 그리고 카페로 출발한다. 아주 작은 화분이 장식된 실내 온실 같은 느낌이 좋았다. 오순도순 모이면 훌라댄스에 관한 이야기로 가득하다. 하와이 여행 가서 훌라댄스 추는 영상을 찍어 왔다. 그 앞에 모여 신기한 듯 쳐다보고 깔깔거린다. 사실 수업만 하고 끝나는 것보단 삼삼오오 모여 자연스럽게 식사하며 소소한 이야기를 나누는 시간이 더 훌라댄스 이야기를 많이 한다. 수업은 실기를 위주로 하지만 훌라 정신을 이야기하기엔 딱 좋은 시간이다. 눈을 동그랗게 뜨고 듣는 것을 보면 더 다른 세계의 문화에 관한 이야기를 좋아하는 것 같다. 관심 있는 이야기는 어떤 것도 재미있기 마련이다.

다음 수업 장소로 이동한다. 전철을 타고 넉넉잡고 1시간 정도 여유를 잡는다. 백화점 문화센터다. 여기는 모든 계절이 좋다. 온도가 잘 조정된다. 하지만 인원 모으기는 너무 힘들다. 그래서 거의 개인지도 하는 느낌이 든다. 잠깐이지만 실력이 확실히 느는 느낌이 든다. 음향시설이 너무 좋아 음의 폭이 크게 파장되어 멋진 무대에 서 있는 느낌이 든다. 세 면이 거울이어서 돌아가면서 수업을 해도 너무 좋다. 최상의 환경이다. 탈의실도 완벽하게 갖추어져 있어서 수업을 끝내고 손을 씻을 수 있게 되어있다. 넓은 공간에 거울과 거리 두기를 하면서 춤을 출 수 있어 좋다. 한분 한분과 너무 친숙해진다. 춤을 추는 사람들과의 유대관계는 중요하다. 춤의 에너지는 공존한다. 흐른다. 혼자만의 춤이 아니기 때문이다. 서로의 긍정적인 에너지가 모여져 하나의 메시지를 만들기 때문에 서로의 마음이 합해지게 되어 있다. 품에 항상 파우를 안고 들어오는 회원이 있다. 조금 씩씩하게 알로하 인사를 한다. 아주 여리 여리하게 예쁜 회원과 어려운 동작을 쉽게 잘 따라 하는 회원이 오랜 출석을 한다. 적은 인원이지만 놓고 싶지 않다. 유명한 프로그램이 아니지만 언젠가 대중이 함께 출수 있는 춤이기에 누군가 계속 추고 있어야 한다고 생각한다. 처음은 모두 적게 어렵게 시작하지만 때가 되면 알아볼 날이 분명히 있을 것이란 생각을 한다. 그래서 한 회원이 소중하다. 하와이 훌라댄스를 추고 싶어서 하는 마음이 생기는 것이 중요하다.

훌라댄스 대중화를 주장한다. 내가 해보니 너무 좋은 춤이기에 많은 사람이 알았으면 좋겠다. 하지만 많은 사람이 제대로 했으면 좋겠다. 이 춤은 하와이 춤이다. 하와이 전통춤이다. 그래서 오래전부터 내려오는 전통의 춤이기에 존중해 주어야 할 지켜야 할 정신이 있다. 즐겁게 건강하게 춤을 추는 것은 동의한다. 누구보다 훌라댄스를 좋아하는 사람으로 정신까지 전해지면 좋겠다. 자연을 사랑하면서 춤을 추면 더 좋겠다. 매일 여행 가듯 다닌다. 내가 좋아하는 것을 알려주며 춤을 춘다. 나의 일상이 훌라로 채워진다. 자신이 좋아하는 것을 나누면서 함께 행복한 춤을 추고 행복한 이야기를 하는 것만큼 좋은 것은 없다고 생각한다. 내가 선택한 매일의 일상이 훌라로 채워졌다. 훌라와 함께하며 만나는 사람들과 채워지는 시간이 너무 소중하다. 값지고 아름답다. 비싼 값을 지급하지 않아도 된다. 소소하게 다가오는 하루하루가 성공이 값지다. 건강하게 여유롭게 긍정적으로 다가오는 하루하루가 감사하다.

훌라댄스와 함께하면 힐링하고 성장한다

 금요일 오기 전날 밤이다. 매일의 훌라 날을 준비하면서 내게 최면을 걸듯 이야기한다. '오늘 푹 자야 내일 기쁜 날을 맞이할 거야' 아무것도 하고 싶지 않고 나의 체력을 다 소진한 최고로 흥분된 날이 지나 가만히 누워서 하루를 덮는다. 그리고 다음 날을 위한 마음의 준비를 하고 잠자리에 들면서 내게 속삭인다. '오늘도 수고했어.' 토닥이듯 그대로 잠자리에 든다. 알람을 맞추고 있지 않아 몸이 깨우는 대로 일어난다. 눈을 떠보니 4시 40분이다. 평소보다 일찍 일어났다. 금요일 스케줄을 다시 생각한다. 어제저녁에 작품을 머릿속에 완전히 숙지하지 못한 부분이 생각났는지 나에게 아침에 충분한 시간을 주기 위해서인지 모르지만 우연한 깨짐이 아닌듯해서 그 시간을 즐기기로 했다. 그리고 그날 가르칠 작품을 아직 해가 뜨지 않은 새벽에 가사와 동작을 하나하나 짚어가며 흥얼거린다. 집중이 잘된다. 바닥난 체력에 밤엔 머릿속이 흐릿했는데 오늘은 반짝거리듯 잘 기억된다. 금요일에는 세 번의 수업이 기다리고 있었다. 평소엔 두 번 하는데 하나가 더 추가되면서 내가 더 긴장하고 있는 것 같았다. 과연 버틸 수 있을까? 잘 할 수 있을까? 무리해서 진행하는 것은 아닌지 속으로 걱정이 되었다. 매번 처음 하는 수업은 언제나 긴장된다. 머릿속으로 그날의 진행 상황을 생각하면서 수업내용은 이미 결정이 되었다. 하지만 내 체력이 버텨줄 수 있을지에 대한 의문이 생겼다. 아니나 다를까 아침에 일어나서 기억하면서 몸을 움직이는데 어제 수업의 여파인지 몸이 무거웠다. 잠깐의 연습에도 숨이 차올랐다. 마음에 갑자기 걱정이 몰려왔다. 하지만 마음속의 내가 다시 속삭인다. '할 수 있어 모든 것을 마치고 기쁘게 집에 돌아오는 상상을 해봐' 정말 마음의 검은 구름이 싹 사라지듯 아침 해가 떠오른 환한 아침이 눈에 마음에 들어왔다. 어느새 푸른 새벽에서 아침이 되었다. 그날은 든든하게 아침을 먹었다. 중간에 식사를 못하고 가야 하기 때문이고 굶고 수업을 하면 여파가 있을 것 같기 때문이다. 원래 꼭 금요일엔 먹는데 그날따라 더 많은 양의 밥을 먹었다. 몸도 마음도 전투준비를 하는 상태로 바뀌고 있는 듯했다.

첫 번째 수업 장소로 출발했다. 3월이긴 하지만 봄바람이 불어 차가운 날씨이다. 짧은 민소매 티셔츠와 검정 바탕에 주황색 꽃이 그려진 파우를 입었다. 옷을 갈아입고 다니기 어려우니 그냥 위에 외투 하나를 걸치는 것으로 그날 의상은 정했다. 그날은 맨발이다. 맨발로 하면 장시간 수업을 해도 좀 더 피곤함이 덜하다. 힘 조정이 원활하기 때문에 몸에 힘을 주지 않고 자연스럽게 자유자재로 발을 사용하기 때문인 것 같다. 집에서 약 15분 정도 걸어가야 한다. 누군가 심어놓은 화단의 꽃을 구경하며 걷던 길에 아직 겨울이 지나는 길목이라 하늘을 보며 걸었다. 치마의 펄럭임을 느껴지면서 옷깃 사이로 새어 들어오는 찬바람을 느끼면서 걸었다. 그리고 도착한 장소에 이미 와 있는 회원들, 지난 공휴일로 수업이 없었기에 더욱 기다려졌던 수업 날이었다. 반갑게 웃으며 인사를 나눈다. 그리고 수업이 시작된다. 스트레칭을 하면서 부드럽게 몸을 푼다. 지난주 쉬었다고 몸이 무겁다는 이야기에 강도를 높여 여러 차례 기본스텝을 익혔다. 발 스텝, 손 스텝, 그리고 업그레이드 버전을 추가해서 땀을 쭉 흘리도록 열중했다. 바닥의 찬 기운을 느끼지도 못할 정도로 춤을 추었다. 우리만의 발표회 여러 곡을 익히기 위해 모두 집중하면서 열심히 따라 한다. 약간의 난이도를 높여서 진행하고 있으므로 모두가 몰입도가 좋은 편이다. 물 한 모금 마실 휴식시간이 되었다. 하와이여행을 다녀온 회원이 하와이 쿠키를 나누어준다. 그리고 훌라 체험한 이야기를 들려주었다. 훌라댄스를 지도하신 선생님이 누구한테 배웠냐고 자세가 좋다고 칭찬을 했다고 한다. 미스에스 김이라고 말해주었다고 하면서 한바탕 웃었다. 훌라를 좋아해서 가족 여행지로 하와이를 다녀온 것도 너무 좋았는데 덩달아 나까지 칭찬을 받고 보니 더욱 우쭐해지는 기분이 들었다. 다녀온 기념품으로 훌라 인형도 너무 귀여웠다. 잠깐의 휴식시간은 또 다른 호흡을 준다.

다음 장소로 이동하기 위해 출발했다. 이곳은 걸어서 25분 정도 걸린다. 초기에는 걸어 다녔다. 꼬박 1년의 계절이 다 지나갔다. 울창한 나무 사이로 걸어가는 길에 기분이 좋았다. 하지만 약간의 요령이 생겼다. 버스를 타고 가기로 마음을 먹고 보니 이제는 익숙해졌다. 그 시간에 문자 확인 등 편안하게 앉아서 간다. 그리고 일찍 도착해서 쉬는 편이 더 좋았다. 매월 첫 번째 수업을 할 때면 출석부를 재출력한다. 한 달에 한 번 등록해야 하니까 신규회원을 확인하기 위함이다. 5명의 회원이 더 들어왔다. 갑자기 화색이 돌았다. 어떻게 들어오게 되었는지 물어봤다. 전단을 보고 왔다고 했다. 얼마 전 강동구 소식지에 프로그램 안내를 나도 봤다. 그래서 담당자에게 고맙다는 인사를 했다. 어느 것 하나 그냥 넘길 것이 없었다. 한 줄 광고가 이렇게 효과가 있을 줄 몰랐다. 신이 나서 수업을 했다. 신규회원들이 함께한 수업이지만 기존의 회원들이 우선이기에 전에 배웠던 작품을 차근차근 가르쳐주었다. 영문도 모르고 그냥 따라 하는 모습에 약간 당황했을 것 같기도 하다. 모두가 즐겁게 하려고 집중하며 지도했다. 다행히 미리 신규가 많다는 정보를 흘렸더니 기존 회원들이 사방으로 흩어져서 모두가 잘 따라 할 수 있도록 도와주었다. 안내도 쩍쩍 잘 해주었다. 훌라댄스가 대중화되어야겠다는 생각은 같은 것 같다. 손발이 척척 맞아지는 회원들의 깨미는 언제나 재미있다. 신나게 추고 있는 훌라댄스 리듬에 모두가 얼굴빛이 환해졌다. 넓은 체육관에 시원하게 들리는 음악 소리에 최고의 환경에서 한껏 뽐내고 싶은 예쁜 파우를 입고 목걸이, 핀으로 장식한 예쁜 여인들의 집합소가 되었다. 사진을 찍는다. 매주 훌라 꽃이 예쁘게 피어있는 모습을 간직하며 보고 또 본다. 역시 아름답다. 훌라 꽃처럼 예쁜 꽃은 없을 것이다.

다음 장소로 이동하기 전에 시간이 조금 남았다. 함께 이동할 회원들이 싸 온 빵, 샌드위치 다양한 간식을 나누어 먹었다. 우리들의 편안한 아지트가 있다. 꽃이 활짝 필 준비를 하는 팜 카페이다. 장시간 우리끼리 앉아있어도 아무런 눈치를 주지 않는 곳이다. 모이면 수다 삼매경에 빠진다. 그러다 훌쩍 지나간 시간을 확인하고 부리나케 다음 장소로 이동했다. '누구나 배움 학교' 수업을 하기 위해서다. 그런데 수업을 할 때마다 체력이 더 좋아지는 것 같다. 조금 더 욕심을 내면서 수업을 하고 싶은 모양인지 무릎도 더 굽힌다. 탄력이 생겼나

보다. 오전 내내 수업을 하면서 몸이 더 유연해지고 풀렸던 모양이다. 마지막 수업이라는 생각에서인지 없던 힘이 생긴다. 또 열정적인 회원들이 가득하다. 그 느낌을 채워주기 위해서 조금 더 색다른 작품을 하나씩 펼쳐본다. 그럼 더 동그란 눈으로 나를 쳐다본다. 그 레이저가 내게 강렬한 동기부여가 된다. 나의 열정과 회원의 레이저 눈빛이 만나면서 시간이 훅 지나갔다. 훌라에 빠져서 자신의 모습을 만들어가는 과정에서 조금의 성장이 느껴지면 자신도 모르게 희열이 생긴다. 어제와 다른 내 모습을 확인하게 된다. 거울에 비친 모습은 진지하면서 열의가 넘쳐 무엇 하나라도 알려주고 싶고 배우려고 하는 열망이 불타오른다. 그렇게 훌쩍 지나간 시간을 뒤로하고 다시 아침에 출발했던 길로 향했다. 눈앞에서 붉게 빛나고 있는 노을이 나를 감싸주는 듯했다. 그리고 상상했던 데로 무사히 마치게 된 하루에 감사했다. 붉은빛을 뒤로하고 묵직한 발걸음은 어느새 집에 도착했다.

　훌라 하며 보내는 하루가 내게는 여행 같다. 색다른 풍경을 만들어준다. 사람들의 만남에서 듣고 보고 알게 되는 것들이 내게는 새로운 세상이다. 서로 다른 나이지만 하나의 공통점인 훌라라는 좋은 콘텐츠가 나이를 뛰어넘어 서로를 하나로 만들어준다. 긍정적인 에너지가 넘쳐나고 아름다운 생각을 계속하게 된다. 좁은 수업 장소이든, 넓은 장소이든 내겐 언제나 하와이 같다. 첨벙첨벙 스텝 하나 밟을 때마다 바다에서 춤을 추는 느낌이 든다. 광활한 땅의 기운을 받으며 우거진 야자수잎에서 편안한 바람의 향기를 맡으며 호흡을 마신다. 그런 에너지를 서로 교류하며 흘러가는 느낌이 든다. 훌라댄스 하면서 맞이하는 하루가 내겐 너무 소중하다. 그런 하루하루가 너무 감사하다. 내 마음의 그릇이 점점 깊고 넓어지기를 바라는 마음으로 살아가는데 춤을 추면서 더욱 느껴진다. 내가 성장하고 있다는 것을 느낀다. 몸도 마음도 자라고 있다. 누구보다 평범한 일상이 한 편의 영화처럼 흐르고 흘러 삶의 무늬를 만든다.

가슴 뛰는 삶, 훌라의 삶을 내 삶으로 장착해라

내가 원하는 삶은 무엇이었을까?

곰곰이 생각해보니 갈망하고 있었다. 오래전 한참 직장을 다닐 때 함께 춤을 추었던 제자를 만났다. 혹시나 해서 직접 찾아갔다. 어느 교회였다. 한 보따리 의상이 여기저기 펼쳐져 있었다. 그리고 하나씩 바느질을 하고 있었다. 무언가 옷에 장식하는 것 같았다. 하늘하늘한 의상이 금방이라도 춤추는 의상이라는 것을 알 수 있었다. 한참 워십 댄스를 지도하는 것을 알고 있었다. 한 선교단의 리더로 활발하게 활동하고 있는 것을 들었던 터라 너무도 반가웠다. 아주 오래전 옛날 생각이 났다.

20대 초반쯤, 춤에 빠져있었다. 그것도 전공은 아니다. 기독교교육이 전공이었다. 오전엔 교육과목을 공부하고 저녁엔 일부러 춤을 배우기 위해 대학 하나를 더 등록했다. 거의 내가 가야 할 길은 춤추는 거라고 확신했었다. 졸업하고 결혼한 후에도 한국에 새바람을 불어 일으킬 워십댄스를 보급하는 사람이 되어있었다. 전국에 다니며 지도하는 사람으로 활동했다. 갑자기 가족이 캐나다에 이민해야 하는 바람에 모든 한국의 활동을 접고 준비를 했었다. 그때가 둘째가 세 살 때였었던 것 같다. 만나는 사람마다 작별인사를 했다. 또 다른 세상에 적응하며 살기 위해 마음을 강하게 먹어야 했다. 낯설고 의지할 사람은 오직 가족뿐이라 생각했다. 남편과 아이 둘, 나는 무엇을 해서라도 살아야겠다는 의지가 불타올랐다. 그런데 우리를 초청했던 교회가 하루아침에 문을 닫게 되었다. 그러니까 우리를 보증할 곳이 없어서 거절되었다는 통보를 받게 되었다. 남편만 혼자라도 가야겠다는 것을 만류했다. 떨어져 사는 것은 상상도 못 했던 일이기 때문이다. 그리고 상실감에 깊은 동굴에 숨어있었다. 한국에 없는 사람처럼 살았다. 갑자기 모든 것이 단절된 현실, 이 상황이 내겐 아주 크게 느껴졌나 보다. 끈이 떨어진 연과 같은 심정으로 무엇인가를 해야 했다. 그것이 학습지 교사였다. 큰아이가 학교에 입학할 무렵 나는 기도를 했다. '하나님 이제는 가난하게 살고 싶지 않아요' 아이들에게 필요한 것을 제때 해줄 수 있는 엄마가 되고 싶었다. 목회자인 남편의 봉급으론 생활이 어려웠다. 그땐 경제개념이 없었다. 하나님이 주시는 대로 살아야 한다는 마음이었다. 아이들이 커가면서 예전의 부모님을 생각했다. 공부시키기 위해 열심히 사는 모습을 말이다. 나도 아이들에게 그런 부모가 되고 싶었다. 그리고 점점 시간이 흐를수록 더욱 돈을 버는 것이 나에게 첫 번째 우선순위가 되었다. 예전에 춤출 때 입었던 의상들이 담긴 상자를 이사할 때마다 정리하고 정리했다. 그럴 때마다 춤을 추고 싶은 마음이 간절했다. 하지만 지금은 아니야 하고 깊숙한 곳에 두었다. 어느 날, 내 생애엔 춤은 없다고 다짐했다. 그리고 가지고 있던 의상을 모두 버렸다. 반짝반짝 장식된 옷가지 하나하나마다 깊은 추억을 간직하고 있었던 것을 버렸다. 그리고 정신없이 일만 했다.

그런 찰나에 제자가 아주 예쁘게 활동하는 모습을 유튜브에서 보았다. 그 길을 끝까지 가고 있는 모습이 대견했다. 세월이 흘러 성숙한 모습이 여전했다. 깍듯하게 맞아주는 모습에 예전 생각이 났지만, 다시 나의 생활로 돌아왔다. 가끔 보았던 춤의 세계에 한눈을 팔기에는 현재의 삶이 더 안정되고 좋았던 것 같다. 사실은 무엇이 중요한지 몰랐다. 마음속에선 그냥 외면하는 편이 나을 것 같았다. 할 수 없는 상황에서 생각조차 하지 말자고 굳게 닫아버렸던 모양이다. 하지만 어느 날 보았던 훌라 워십댄스 모습에 가슴의 빗장이 열리기 시작했다. '너도 춤을 추는 사람이었잖아!' '다시 시작할 수 있어!' 저게 뭐지 궁금증은 있었지만, 그때만 해도 훌라를 가르치는 곳을 찾기 어려웠다. 아직 마음이 끌어당기는 힘이 적었을지도 모른다. 그리곤 세월이 흘러 50대에 가까워졌을 때 비로소 내가 나에게 관심이 생겼다. 그리고 구체적인 검색으로 훌라댄스를 배우게 되었다. 내가 나를 위해 최초로 오랜 시간을 투자했다. 내가 책임져야겠다고 생각하는 아이들은 어느새 성인이 되었다. 혼자서도 얼마든지 살아갈 수 있는 나이가 되었다. 그때 아주 큰 결심을 했다. '내 인생을 살자. 그토록 원했던 춤을 추는 삶을 살자'고 결심을 했다. 돌고 돌아 생각해보니 아주 오랜 세월이 흘렀다. 그때 버렸던 의상을 대신해 파우가 한 보따리가 되었다. 색색의 드레스와 소품들이 창고가 필요할 만큼 많아졌다. 나를 위해 살아보겠다던 내 바람은 진짜 이루어졌다.

코로나가 한참일 때 잠깐 춤을 출 수 없는 상황이 되었다. 모일 수가 없었다. 그때 혼자 춤을 추었다. 춤을 추는 것을 멈출 수 없었다. 그리고 옛날 안무를 만들어 지도했던 기억이 났다. 그리고 훌라워십을 하와이음악이 아닌 한국 CCM에 맞추어서 하면 어떨까 하는 생각이 났다. 세상이 혼란하고 이 어두움이 언제 끝날지 모르는 상황에서 나는 춤으로 기도를 해야겠다는 생각이 들었다. 그리고 한 주에 한 번 만들어 유튜브에 올리자는 결심을 했다. 곡을 정할 때도 기도했다. 내 실력으로 동작을 만드는 것은 분명 한계가 있었다. 발 스텝도 많이 아는 것이 아니었고 손동작을 의존해서 감동이 생기는 데로 만들었다. 무척 순수하고 감동적인 시간이었다. 사람들에겐 아무 반응이 없었다. 한사람이라도 괜찮다고 생각했다. 내 옹달샘에 물 한 모금 먹는 것으로 만족했다. 오직 시선을 하늘에 두었기 때문에 나는 계속 이어갈 수 있었다. 내 보물은 쌓여갔다. 그리고 조금씩 조회 수가 올라갔다. 참 신기했다. 어떤 곡에 안무를 만들까? 어떤 의상을 입을까? 여러 가지 컨셉을 잡고 영상의 다채로움을 생각했다. 그렇게 코로나 기간은 방구석에서 훌라워십을 상상하며 꿈을 키워갔다. 내게 장문의 문자가 왔다. 훌라댄스를 배우고 싶다는 이야기였다. 사실은 훌라댄스를 배운 것도 훌라워십을 하고 싶었고 훌라워십을 배우기 위해 훌라지도자과정을 마치고 훌라워십 이사가 되는 모든 과정을 마친 상황이었다. 못할 이유가 없었다. 그리고 때마침 춤을 가르칠 공간이 있었다. 남편이 개척했기 때문에 은혜롭게 춤을 가르칠 수 있는 공간이 생겼다. 모든 것을 준비하고 나니 기회가 생겼다. 그렇게 1호 제자를 만들고 이제 2호 제자를 가르치고 있다. 아주 멋지고 웅장한 곳에서 춤을 출 수 있지만 그렇지 않은 공간에서 춤을 추는 것을 다행이라고 생각했다. 그곳이 진정한 춤추는 예배자가 되어 아픈 사람들을 치유하고 회복하는 기적 같은 장소가 되었다. 작고 초라한 곳에 한 달에 한 번 훌라워십 강습회를 열었다. 코로나 때 만들었던 소중한 보물 같은 작품을 하나씩 꺼내는 시간을 만들었다. 무료로 진행했다. 처음 모임에 신기했다. 훌라워십을 배우고 싶었던 열망이 있는 사람들이 왔다. 돌고 돌아 진짜 춤을 추고 싶었던 사람들이다. 내가 멈출 수 없이 한 달에 한 번 모든 사람에게 가르쳐야겠다고 결심한 이유다. 내가 알고 있는 작은 것을 크게 생각해서 감사하고 소중히 여기는 사람들을 바라보았다. 제주, 부산, 인천, 수원, 파주, 서울 등 다양한 곳에서 모인다. 참 기적 같은 만남에 춤은 점점 아름다워졌다. 그 공간에 웃음이 메아리친다.

그 어떤 것과도 바꿀 수 없다. 내게 안성맞춤인 생활이다. 세상의 아름다운 사람들이 내게로 온 느낌이다. 내가 줄 수 있는 것은 한계가 있다. 그런데 계속 내게 준다. 영감을 준다. 그래서 샘솟듯 줄거리가 생긴다. 배불리 먹이고 싶은 엄마의 심정처럼 여기저기 기웃거린다. 그리고 배운다. 부족하기 때문이다. 더 깊이 빠져들어 간다. 내가 원하는 삶은 나누는 것이다. 가슴 뛰게 만드는 내가 좋아하는 것으로 함께 즐거워하고 기뻐하는 것이다. 백 마디의 말보다 행복한 미소를 머금고 춤을 추는 단 3분의 드라마 같은 순간을 선물하고 싶다. 가식적이지 않고 나의 기쁨이 그대로 표현되는 그 짧은 시간, 그 아름다운 춤을 나는 추고 있다. 사람들과 함께 추고 있다. 모든 요일 꽉 찬

일정을 만들어 사람들을 만난다. 다양한 사람들에게 짧은 만남이지만 꾸준히 오래 좋아하는 것을 하면서 행복한 생활이 만들어졌으면 좋겠다. 훌라의 삶을 선택한 내게 있는 미래가 궁금하다. 하얀 머리 흩날리며 아름다운 사람들과 함께 드높은 하늘 아래 행복한 춤을 추고 있는 모습을 상상하니 기쁘다. 내게도 이런 일이 일어났다. 평범한 일상이 아름다운 하모니가 울려 퍼지는 멋진 삶으로 변해버렸다.

〈지금 나의 자존감〉 김지연작가의 '행복이란' 글이 공감되어 적어본다.

행복이란 지나간 것에 연연해하지 않고
지금 만나게 되는 사람들과 어떻게든 잘 지내고
겉모습이야 어찌됐든 속으로 울지 않는 것이다.
누군가가 나의 잘못을 지적하면
그것이 하잘것없는 것인데 왜 그럴까 생각하기보다
그 사람의 기분부터 풀어줘야 한다는 것을
알기까지 오래 걸렸다.

숙일 수 없어도 나 자신을 위해
숙일 수 있기까지 오래 걸렸다.

누군가가 준 정성이나 사랑을 돌려주는데 아까워하지 말고

지금은 멀어진 사람과 함께 했던 시간을 아까워하지 않는 것이다

생각지도 못한 표창장의 의미를 되새긴다

20년 다니던 직장생활을 청산했다. 아이 둘이 대학 졸업하고 홀로 서기를 할 때쯤에 결심했다. 내가 하고 싶은 것을 하며 살자고 물론 막막했다. 번듯한 사업장이 있는 것도 아니고 매일 출근하는 근무지가 있는 것도 아니다. 그냥 프리랜서이다. 시간과 싸우면서 아침 9시 그리고 6시에 매이며 살았는데, 막상 자유가 주어지니 어찌할 바를 몰랐다. 자유가 주어지니 처음에는 좋았는데 시간이 지나가면서 약간의 불안함이 생겼다. '이렇게 아무것도 안 해도 괜찮은 건가! 이렇게 평생 살게 되면 어쩌나!' 인제 와서 다시 직장에 들어가는 것은 싫었다. '해보지도 않고 좌절하고 낙심하지 말자' 다시 다독였다.

훌라댄스 강사로 활동을 해보고 싶었다. 틈틈이 주말을 이용해 배였는데 훌라라는 세계에 빠져들어 갔다. 나이 들어서 부드럽게 움직이는 춤을 추며 건강하게 즐겁게 늙어갈 수 있을 것 같았다. 무엇하나 즐거움의 요소를 가지고 힐링을 하는 취미 생활 하나쯤은 가지고 있는 것이 좋을 것 같았다. 그래서 사는 곳에서 친분 있는 사람들과 춤을 추며 즐기는 상상을 하곤 했다. 때마침 우리 동네에 50 플러스라고 하는 센터가 생겼다. 산책하며 일부러 그곳을 지나쳐갔다. 그리고 마음속으로 이곳에서 훌라댄스를 할 수 있었으면 하고 마음의 기도를 하곤 했다. 퇴사가 일찍 찾아올지는 몰랐다. 막연하게 동네에서 소소하게 훌라를 하면 좋겠다는 바람에 내가 활동하고 싶은 곳을 마음으로 정하고 있었던 것 같다. 하지만 5년이란 시간을 앞당겨 현실로 내가 하고 싶었던 것을 이루어야 하니 마음도 급하고 초조했었다.

코로나의 위협이 완전히 해소되기 전 사람들은 여전히 마스크를 썼다. 강사를 뽑는다는 공고를 보고 신청했다. 대면심사가 없었다. 동영상 그리고 서류로 심사를 하는 단계에서 탈락하였다. 처음 경험해 보는 상심이었다. 중년의 나이에 무언가를 절박하게 해보고 싶은 마음이 들었던 처음 도전에 떨어졌다. 마음으로 당연히 될 것 같았나 보다. 시작만 하면 무언가 쉽게 될 것 같은 기분이었다. 마음만 먹으면 무엇이든 할 수 있다는 각오로 다니던 직장을 호기롭게 그만두었는데 처음 도전이 실패로 돌아왔다. 갑자기 자신감이 훅 떨어졌다.

그리고 불안감에 휩싸였다. 온종일 앉아서 이력서를 만들었다. 바로 현실감이 밀려왔다. 왕초보 강사라는 사실을 말이다. 자격증 따며 나는 시간이 없어서 강사활동을 못 하는 것으로 생각했는데 내가 갈 곳이 없었다. 나라는 사람을 증명할 방법이 없었다. 당장 무엇이 되어야 한다는 당장 무엇이 되고 싶은 마음이 앞섰다. 그러니까 하루하루가 조급해졌던 것 같다. 마음을 달랬다. 다음을 생각하자고 내가 활동할 수 있는 곳은 분명히 있다고 긍정적인 생각으로 내가 나를 다독였다. 나의 깊은 속마음을 아는 사람은 아무도 없었다. 혼자서 좌절하고 혼자서 용기를 주고 스스로 질문과 답을 끊임없이 해야 했다. 그것이 프리랜서이다. 6개월이란 시간이 흘렀다. 그리고 올라온 공고문을 확인했다. 물론 신청을 했다. 다행히 1차 서류합격이 되었다. 처음 낼 때보다 한 줄이라도 더 절박한 마음으로 서류를 썼다. 쉽게 생각했던 마음을 버리고 꼭 하고 싶다는 마음을 듬뿍 담아서 썼다. 그것이 통했는지 합격이 되었다. 얼마나 기뻤는지 이번엔 꼭 하고 싶었다. 남은 것은 면접이었다. 3분이란 짧은 시간에 나의 모든 것을 어필해야 한다. 그래서 공연할 때 입는 복장으로 갔다. 하늘색의 청량감을 느끼게 하는 파우에 단아한 흰 블라우스를 입고 내가 직접 만든 파란색 핀을 꼽고 있었다. 무척 떨리고 긴장이 되었다. 심사위원 세 분이 앉아있는 곳에서 수업내용과 잠깐의 시연을 하고 질문을 받았다. 왜 훌라댄스를 하게 되었는지 질문에 평소 생각했던 것을 이야기했다.

　기억나는 것은 '훌라댄스 대중화' 이야기를 할 때 고개 숙이고 있던 심사위원 한 분이 내 모습을 유독 빤히 쳐다보았던 시선이 기억난다. 입버릇처럼 이야기하는 나의 바람이 언제나 튀어나오는 것 같다. 꿈이냐 생시냐 합격했다. 내가 그렇게 가고 싶었던 곳에서 수업하게 되었다. 그리고 수강생들과 만남이 이루어졌다. 중년여성이 처음 추어보는 훌라댄스의 매력에 푹 빠져들어 갔다. 하와이훌라클럽의 마중물 역할을 톡톡히 한 수업이 분명하다.

　훌라댄스의 매력은 공연이다. 춤이라는 장르는 대상자가 있다. 누군가 앞에서 춤을 추면 서로가 즐겁다. 도시관리공단에서 관리하는 온조대왕문화체육관에서 수업하고 있었다. 강동구에서 매년 하는 축제가 있는데 선사 문화축제에 공연의뢰가 들어왔다. 두말할 것도 없이 할 수 있다고 도전장을 내밀었다. 작은 무대가 아니어서 인원을 확보해야 했다. 다행히 공연단이 있었고 또 강동아트센터에서 진행하는 공연을 준비하고 있었으니 물 흐르듯 순조로울 것 같았다. 온조 수업에 참여하는 회원들이 열의를 보여줬기 때문에 더욱 잘 할 수가 있었다. 무사히 마치고 난 이후 또 하나의 공연의뢰가 들어왔다. 20주년을 맞이하는 도시관리공단의 행사에 축하 무대였다. 나는 너무도 기뻤다. 강동구에서 유명한 장소, 암사선사문화축제, 강동아트

센터, 그리고 강동구민회관에서 모두 공연을 할 수 있다는 것이 꿈만 같았다. 훌라걸들도 기뻐했다. 그 어떤 때보다 아름답고 멋진 무대를 장식할 수 있었다. 그런데 그때 20주년 특별행사로 우수강사에게 표창한다고 앞줄에 대기하라고 했다. 20년, 18년 모두 쟁쟁한 경력을 가진 강사들 틈에 이제 1년 된 강사가 앉아있었다. 몇 번의 공연에 참여한 공로가 있었기에 주는 상으로 또 앞으로 더 잘 하라는 응원의 상으로 받아들였다. 실감이 나질 않았다. 강사가 되려고 노력했던 시간이 스쳐 지나갔다. 내가 얼떨결에 받은 상이지만 의미가 남달랐다. 우리 회원 모두가 기립하며 축하해주었다. 상장, 상패, 꽃다발의 묵직함이 나의 지난날의 수고를 보상해주는 것 같았다. 마음졸이며 제대로 잘 할 수 있을까 하는 불안한 마음이 이제는 확실하였다. 약간의 자신감이 언제나 도전할 힘을 만들어준다. 그해의 결산을 뜻깊게 마무리할 수 있었다. '내게도 이런 날이 오는구나!' 하는 부끄럽지만, 안도의 한숨을 쉬고 있었다. 인생은 마음먹은 대로 되지 않는다고 실망할 이유가 없다. 뜻하지 않는 순간들이 찾아온다. 예상하지 않았던 이벤트가 나에게 올 때가 있다. 그 상을 받기 부끄러웠다면 의미 없는 상이 되었을 것이다. 하지만 최선의 노력을 다한 끝에 주는 상은 너무도 고마웠다. 훌라댄스에 진심인 내가 얼마나 노력했는지에 대한 보답으로 상을 받은 느낌이었다. 아직 갈 길이 멀다. 이제 시작인 내게 지치지 말고 끝까지 가보라는 출발을 알리는 상이였다. 자랑스러운 상장은 전시할 수 없었지만, 꽃다발은 말라질 때까지 가까이에 두었다. 왔다 갔다 지나갈 때마다 무대에서 상을 받는 모습이 생각났다. 혼자서 웃었다.

아무리 발버둥 쳐도 되지 않을 때가 있다. 그래도 해야 한다. 포기하지 않으면 된다. 왜냐하면, 될 때까지 하면 된다. 나는 다행히 50플러스 특강에 두 번째에 합격이 되었다. 만약 그때도 안 되었다면 또 도전했을 것이다. 내가 바라고 원했던 장소에서 훌라댄스를 가르치고 싶었으니까 그다음은 선택을 당하는 것이 아니라 내가 선택할 수 있는 상황이 되었다. 수업이 많아져 갈 수 없게 되었다. 고정으로 진행하는 수업이 우선이기에 특강은 좀 어렵다. 언젠가는 정규수업이 될 수 있다면 꼭 하고 싶은 장소이다. 상을 받은 일은 생각지도 못한 일이다. 만약 달리기만 하고 있었다면 혼자 지쳐있었을 것이다. 그때 절묘하게 연말 시상식처럼 상을 받았다. 회사라면 포상금이나 보너스를 주며 잘했다고 칭찬했겠지만, 많은 사람 앞에서 우수강사라는 타이틀로 상을 받게 되니 '이제 정말 강사가 되었구나! 강사로 활동하고 있었구나!' 실감이 되는 순간이었다. 그동안 고생했다고 토닥이는 순간이었다. 고작 상패 하나에 호들갑이라고 생각할 수 있겠지만 그만큼 최선을 다했기에 부끄럽지 않은 그 날에 더욱 감동적이었다. 또다시 살아갈 힘을 내게 주는 의미는 정말 남달랐다. 5년

10년이 지나도 처음 받은 그 상은 내게 값지게 느껴질 것 같다. 아직도 선명한 그 날을 생각하며 아침 해가 돋는 창밖이 유난히 환해 보인다. 오늘도 그날처럼 하루하루가 그날처럼 환해지길 바란다. 상의 무게만큼 내 어깨에 짊어질 훌라댄스를 사랑하는 사랑의 짐을 회원들에게 고스란히 전해지길 바란다.

훌라댄스의 진정한 매력을 느껴봐라

남녀매칭 프로그램을 자주 본다. 모태솔로라고 한다. 한 번도 제대로 사랑을 하지 않은 남녀가 등장한다. 이유는 다양했다. 어머니 병간호를 하다 보니, 공부나 일에 전념하다 보니 훌쩍 나이가 들었다고 한다. 그래서 본격적인 사랑을 해보겠다고 결심하고 용기 내 신청했다. 어설프게 표현하는 모습들이 재미있었다. 그리고 마음에 드는 사람에게 자신의 매력을 표현하려 애를 썼다. 첫인상의 호감은 역시 외모에 있었다. 차분하고 얌전하면서 고상한 그리고 어여쁜 여자에게 몰리기 시작했다. 자신을 끌고 갈 수 있는 여자 또는 잘 웃어주는 여자를 남자들은 선호했다. 여자는 유쾌하게 말을 잘 하고 옷을 깨끗하게 입는 남자에게 호감을 표현했다. 잠시 사랑에 빠진 연인들은 서로에게 궁금하게 생각한다. 지켜보고 있는 내게도 이 커플 저 커플 잘 되었으면 좋겠다는 마음으로 보게 된다. 자신이 잘 할 수 있는 필살기를 보여주며, 무엇보다 자신의 확실한 표현이 중요했다. 좋아하는데 표현하지 않으면 내가 좋아하는 사람은 멀리 가버린다. 아주 짧은 만남이지만 데이트를 하며 충분한 대화를 나누면서 서로를 알아가고 더 깊이 사랑이라는 감정을 느낀다. 서로의 매력에 흠뻑 빠진 커플은 드디어 사랑의 확신으로 서로를 선택한다. 그 과정을 지켜보고 있으면 재미있다. 사랑이라는 감정은 참 오묘하다. 보아도 질리지 않고 계속 알면 알수록 깊이 빠져들어 간다.

나는 훌라와 사랑에 빠졌다. 누군가 내게 "훌라댄스를 어떻게 하게 되었어요?"라고 물었다. 종종 듣는 질문이었기에 답을 하려다가 문득 떠올랐다. 아주 오래전 내가 훌라댄스를 배우려고 마음먹었을 때의 상황을 말이다. 그때 내게 다가온 단어가 '행복'이었다. 나는 과연 행복한가? 더 많은 성과를 내고 싶고 제대로 하고 싶은 열망에 빠져 있을 때였다. 크고 무거운 짐을 짊어지고 책임이라는 단어가 나를 압박하고 있을 때였다. 나는 너무 작았다. 내가 스스로 생각할 때 너무 작았다. 그런데 막중한 업무 책임을 담당하는 책임자가 되었다. 그 스트레스가 어마어마했다. 한 회사의 대표가 되면서 내가 책임져야 할 사람들을 지켜야 한다는 책임이 무거웠다. 나 때문에 회사가 문을 닫으면 큰일인데 어떻게든 해보려고 노력했다. 갑작스러운 한 통의 우편물에 온몸이 무너져 내리는듯했다. 청천벽력 같은 소식이었다. 한 번도 경험하지 못한 세무조사였다. 얼마나 울었는지 모른다. 회계 업무를 담당하고 있었던 내가 잘못해서 회사가 망하는 건 아닌지 모두가 내 잘못 같았다. 얼마나 겁이 났는지 모른다. 그간의 소명자료를 만들기 위해 오래 묵혔던 통장을 일일이 정리를 하는 시간을 가졌다. 10년 세월 회사의 역사가 고스란히 보였다. 그러면서 제대로 배워야겠다고 생각했다. 주먹구구식으로 운영하면 안 되겠다는 생각을 했다. MBA 과정을 이수하고 경영에 관한 책을 닥치는 대로 읽었다. 처음부터 차근차근히 하면 할 수 있겠다는 생각이었다. 이상하게 그때 나와 마주하게 되었다. 매일 매일 보던 거울에 비친 내 모습이 어느 날, 아주 초라하고 슬퍼 보이는 나를 발견했다. 속에서 나오는 울음이 울컥 쏟아져 나왔다. 미처 내가 나를 헤아리지 못하고 살아왔던 세월에 내버려 두었던 가엾은 내가 나를 물끄러미 바라보고 있었다. 그때 나는 결심했다. 누가 나를 지키겠는가! 누가 나를 보살피겠는가! 이제 내가 해주어야겠다. '내가 너를 사랑해줄게.' 눈빛으로 마음으로 약속을 했다. 그리고 나에게 보상을 하듯 원하는 것 하고 싶은 것을 해보자고 시간을 주었다. 무언가 쉬고 있으면 편안하면 죄스럽고 나태한 사람처럼 여기며, 바쁘게 살아가는 것이 당연한 양 뒤도 돌아보지 않고 앞만 달렸던 마음을 내려놓게 되었다. 이제는 제대로 쉬는 방법을 공부하게 되었다. 진정한 행복의 의미를 알게 되었다. 남의 행복을 위해 살아가는 것이 당연하다고 생각했는데 그 행복에 내가 항상 빠져있었다. 다른 사람들의 행복에 내가 그냥 함께했다. 그래서 내가 행복하기 위해 선택한 것이 훌라였다. 나를 위한 시간을 만들었다. 나를 위한 투자가 시작되었다. 나를 살리기 위한 긴 호흡이 시작되었다. 훌라를 할 때 난 쉴 수 있었다. 이제야 훌라라면서 내가 나를 볼 수 있었다.

나는 훌라의 매력에 빠졌다. 토요일 강남연습실로 가는 날은 너무도 행복했다. 커다란 가방에 파우와 몇 가지 꽃을 담고 가는 발걸음이 어찌나 가벼운지 모른다. 한걸음에 달려가듯 도착한 강남의 한복판에 높은 빌딩이 가로막힌 공간에 덩그러니 가장 행복한 내가 가고 있는 느낌이다. 모든 배경이 나를 위해 있는 것만 같았다. 나무와 하늘 사이에 비추는 좁은 공간을 가로질러 복잡한 상점을 지나가면 지하 연습실이 있다. 그곳에는 작은 소파와 꽃나무가 장식되어 있었다. 파우를 입고 나는 그 앞에서 시작을 알리는 나만의 사진을 찍었다. 누군가 찍어서 찍히는 사진 말고 내 사진을 내가 찍기 시작한 것 같다. 그럼 환하게 웃고 있는 내 모습이 '나 행복해. 너는 어때?' 하며 대화하듯 물어보면 활짝 웃어 보인다. 훌라 하면서 나를 찾게 되었다. 춤추는 나를 본다. 어설프게 하는 내가 보였다. 그래도 괜찮다고 누가 처음부터 잘하냐고 계속하면 잘할 수 있다고 용기를 자신에게 주면서 춤을 추었다. 서서히 훌라 하며 나와의 대화가 깊어진다. 틀리지 않고 성공하면 기쁘게 거울을 바라본다. 뿌듯하게 웃고 있는 내게 잘했다고 내게 건넨다. 지금 아주 오래전 내가 춤추는 모습을 볼 때가 있다. 그럼 혼자서 신났다. 무척 좋아하는 느낌이 든다. 사실 그랬다. 행복했다. 지금의 감정과 다르지 않다. 스텝을 많이 해서 좋아졌을 뿐이지 깊은 사랑에 빠진 순수한 마음은 그때가 훨씬 불타올랐을 것 같다. 훌라에 대해 잘 모르지만, 관심은 백배 천배 만 배로 가득 찼었다. 그 열정이 노력으로 변했다. 긴 시간 동안 아무도 알아주지 않는 땀의 시간을 보냈다. '1만 시간의 법칙'이라고 불리듯이 한 분야에 전문가가 되려면 그만큼 많은 시간이 걸린다는 것을 알았다. 조급하게 생각하지 않았다. 두 마리 토끼를 잡을 수 없었다. 회사 일을 충실하게 하는 것이 가장 중요했고 그다음 내가 원하는 일을 하면 되었다. 시간의 분배가 정확했다. 그 많은 시간이 흘러서 이제는 오로지 훌라만을 위한 시간으로 채울 수 있었다. 그것이 가능했던 것도 포기하지 않고 작게 묵묵히 지켜왔고 기회가 되었을 때 영역을 넓혀갔던 이유가 될 것 같다. 마음에서 이제 때가 되었구나! 이제 제대로 승부수를 던질 때가 되었다는 마음의 소리를 들었던 것 같다. 평생 훌라를 해도 후회하지 않을 것 같은 훌라 사랑에 푹 빠져있었다. 콩깍지가 제대로 씌워 있었다.

춤추는 사람은 사라지고 춤만 남는 것처럼 경지에 오르고 싶다. 반복하고 반복해도 질리지 않는다. 억지로 하는 것이 아닌 자발적인 선택을 내가 했기에 즐길 뿐이다. 알면 알수록 더욱 재미있고 즐겁다. 내가 잘 할 수 있는 것 좋아하는 것으로 일치된 반복은 몰입할수록 황홀해진다. 땀을 흘리면서 추는 훌라 세계가 일상이 되었다. 나의 길을 가는 지금이 하늘에서 내려준 선물 같다. 훌라 하면서 더욱 단단해지는 나의 정체성을 확인한다. 거울 앞에서 땀 흘려 춤을 추고 난 후 상쾌한 기분은 어떤 것으로도 비교할 수 없는 짜릿함이 있다. 반복할수록 얻어지는 만족감이 크기 때문에 땀을 흘린다. 무엇이 부족한지 보이게 되고 무엇을 더 해야 하는지 스스로 알고 있어서 수없이 반복하게 된다. 좀 더 자연스럽게 표현하기 위해 애를 쓰게 된다. 하면 할수록 더욱 쉬워지기보단 어렵다. 한 발짝 가면 다른 경지가 보인다. 그다음 끝도 없을 것 같은 그 길을 걷는다. 그런데 기쁘다. 어떤 일을 할 때 그만큼의 노력이 없으면 아무것도 할 수 없다. 무엇이든 오랜 세월이 필요하다. 훌라의 매력은 끝이 없는 춤이기에 성장할 수 있다. 어렵고 고통스러운 긴 터널을 즐겁게 춤추며 갈 수 있게 만들어준다. 고통이 없으면 기쁨도 없다고 생각한다. 그 고통을 기쁘게 맞이하고 견디다 보면 또 다른 나를 만나게 된다. 나를 더 풍요롭게 하고 자유롭게 하는 그 길을 절대 포기할 수 없다. 더 성장한 내가 우뚝 서 있는 그 모습을 상상해본다.

훌라 붐, 한국에서도 이제 얼마 안 남았다

"훌라댄스 해보셨어요?"

원데이 클래스를 할 때 물어보는 질문이다. 한 번도 해보지 않은 사람에게 훌라댄스를 가르치기 위해 강습을 종종 한다. 그럼 "하와이 여행 가서 해봤어요."라고 답한다. 관광지에서 코코넛으로 만든 상의를 입고 바나나잎으로 만든 치마를 두르고 골반을 움직이는 춤을 많이 봤을 것이다. 그래서 훌라댄스를 배운다고 하면 그런 춤을 어떻게 추냐고 괜찮냐고 하는 질문을 듣는다고 한다. 그만큼 다양한 편견과 생각이 있는 것을 알 수 있다. 그래서 훌라댄스를 접하는 사람들은 가까운 지인을 통해 배워보니 좋더라 하고 소개를 받아서 오는 경우가 대부분이다. 잘 알려지지 않은 춤의 장르이기도 하다. 하와이 전통춤으로 이해하고 있기 때문이다. 훌라댄스에도 전통춤과 현대춤으로 나누어진다. 하와이 전통 타악기의 리듬에 맞추어 의식 때 추는 춤이 있다. 또 현대 악기로 연주하고 아름다운 멜로디와 가사를 우아한 몸짓으로 추는 춤이 있다. 그중에 요즘 대중들이 추는 춤은 현대춤이다. 기초부터 숙련된 단계에 이르기까지 배울 수 있는 코스가 있다.

처음 훌라댄스를 배우려고 검색할 때는 손에 꼽을 정도였다. 아무래도 광고하지 않고 자체적으로 지도하는 그룹이 많았을 것 같다. 훌라댄스를 가르치는 사람들의 특징이 잘 드러내지 않고 몇몇 지인들을 지도하는 정도였을 것 같다. 그래서 소수의 사람이 배우는 정도일 것이다. 내가 보게 된 유튜브 영상도 다른 사람이 찍어서 올린 것이다. 더더욱 일반적인 사람들이 찾기에는 어려움이 있었다. 하와이에 직접 가서 배워오는 사람들을 빼고는 한국에서 체계적으로 가르치는 곳은 부족했다. 그리고 몇 년이 흘러, 나와 같은 사람들이 훌라의 마니아가 되었다. 훌라를 배우는 것뿐만 아니라 강사로 활동하는 사람들이 너무 많아졌다. 백화점, 마트 문화센터에도 성인강좌, 훌라댄스를 쉽게 찾아볼 수 있다.

인스타그램에서 'hula dance'라고 검색을 하면 전 세계에서 훌라댄스를 하는 모습을 볼 수 있을 것이다. 특히 일본에서는 실시간으로 여러 단체가 활동하는 모습이 보인다. 직접 지도하는 스튜디오 모습의 이미지를 많이 확인할 수 있다. 공연하는 모습도 보인다. 우리나라보다 훨씬 먼저 훌라댄스가 붐이 일어났다. 훌라댄스를 좋아하는 관객이 훨씬 많은 것을 알 수 있다. 작은 발표회뿐만 아니라 훌라댄스만을 위한 극장처럼 다양한 장르의 춤을 쇼처럼 보여주기도 한다. 유튜브에서도 영상이 너무 많다. 관심을 가지면 다양한 나라들의 훌라댄스가 어떻게 활성화하고 있는지 파악할 수 있다. 배우는 연령층이 다양한 것을 볼 수 있다. 유아부터 노인에 이르기까지 모든 연령대가 훌라댄스를 즐기며 일상에서 운동하는 모습도 보았다. 남자들, 특히 약간 연세가 들어 보이는 무리가 신나게 춤을 추는 모습은 인상적이었다. 한 번으로 끝나는 것이 아니라 계속된 모임으로 춤을 연습하고 있었다. 훌라댄스가 국민운동처럼 정착이 되어 자연스럽게 춤을 출 수 있다는 생각이 들 수밖에 없다.

한국에도 워크숍이 열린다. 하와이 쿠무와 한국에 있는 협회가 연합해서 열리는 워크숍이다. 그럼 한국에서 훌라댄스에 관심 있는 사람들이 모인다. 내가 방문한 곳도 마찬가지이다. 인스타그램에서 얼굴을 익힌 인친들이 한자리에 모여있는 느낌이 들었다. 부산, 대구, 창원 등 전국에서 훌라댄스를 배우기 위해 모인 아주 특별한 광경이다. 훌라댄스를 배우러 하와이에 가는 시간을 절약하기엔 좋은 기회일 수 있다. 내가 추고 있는 춤을 비교해가며 제대로 표현을 하고 있는지 배운다는 것은 자기검열의 시간이기도 하다. 우물 안의 개구리처럼 갇혀있는 사고가 아닌 다른 것을 포용하고 내 색깔을 만들어가는 과정에선 좋은 기회이다. 그래서 필요하다면 배움의 기회를 얻으려 한다. 남자가 추는 훌라와 여자가 추는 훌라는 다르다. 그 차이를 가까이에서 볼 수 있는 것으로 가슴 떨리는 순간이다. 그리고 훌라댄스는 하와이 악기를 가지고 춤을 춘다. 그것도 종류가 다양하다. 직접 가르치는 워크숍도 있다. 일본에서 온 선생님에게 직접 배웠다. 이프를 두드리는 방법과 춤을 추면서 익혔다. 그때도 전국에서 훌라댄스를 배우려고 하는 사람들로 연습 장소가 꽉 찼다. 가르치는 강사들이 그만큼 많아졌다는 증거다.

직접 하와이에 가서, 일본에 가서 배우는 광경을 본다. 아주 오랜 시간을 두고 가는 것은 아니다. 잠깐의 연수처럼 다녀오는 것인데 대그룹이 아닌 소그룹으로 개인으로 방문하는 것이다. 어쩜 맞춤 레슨을 받을 기회일 수 있겠다. 사실 가르치다 보면 가장 아쉬운 것은 작품이다. 그래서 워크숍에 가는 경우가 있다. 공연을 한번 하려면 적어도 여러 곡을 익혀야 한다. 항상 한계가 생긴다. 그럴 때 직접 가르치는 곳에 가서 배워온 곡으로 연습할 수 있으면 속이 다 시원할 것 같다. 가르치다 보면 제대로 된 것을 가르칠 욕망이 생긴다. 똑같은 곡을 배우더라도 자기만의 해석이 있으므로 표현하는 몸짓이 달라질 수 있다. 그런 자세한 것 하나하나 직접 보고 요즘은 촬영을 허용하니까 그래도 가르칠 수 있는 장점이 있다. 그래서 현장에 직접 가 보고 듣고 보고 느끼려 하는 마음이 간절할 것이다. 점점 가르치는 사람들의 열의가 느껴진다. 잘 배워서 잘 가르치고 싶은 마음이 느껴진다. 내가 알고 있는 것을 다른 사람에게 유익한 정보를 주는 것만큼 뿌듯한 것은 없다. 내가 선생님이라고 불리는 순간, 제대로 가르쳐야 할 의무와 책임이 따른다. 그래서 더 배워서 남 주려고 하는 마음이다. 그렇게 생각하는 사람들을 많이 보는 것만으로 이제 한국에 훌라댄스의 바람이 제대로 불겠다는 희망이 보인다. 훌라댄스가 다른 춤과 섞여서 다르게 표현되는 것을 원치 않는다. 자기식대로 멋대로 추는 춤이 아닌 하와이 전통의 기초적인 몸짓을 익히고 그것을 제대로 표현해 주기를 바랄 뿐이다. 그래야 오래 많은 사람이 이어질 수 있기 때문이다. 다행히 사람들은 약간의 구별할 수 있는 눈이 있다. 소중한 것은 더욱 그대로의 색으로 보존되고 이어져야 한다고 생각한다. 그러기 위해서 얼마나 노력해야 하는지는 정답이 나왔다. 그리고 많은 시간이 필요하다. 이제 조금씩 확대해 가는 중이다.

한국도 이제 얼마 남지 않았다. 한국도 훌라 붐이 분명히 일어날 것이다. 나는 그 확신이 있기에 글을 쓰고 있는지도 모른다. 훌라를 모르는 사람에게 훌라댄스가 이렇게 다양한 즐거움을 줄 수 있다는 것을 느끼게 하고 싶었다. 다양한 직업이 있지만, 훌라댄스를 가르치는 직업도 나중에는 인기가 높아질 것이 분명하다. 5년, 10년 이후에 한국의 훌라댄스가 어떻게 바뀔지 아무도 모른다. 그래서 지금 내가 전적으로 이 시장에 뛰어든 이유이기도 하다. 지금은 견뎌야 한다. 시장이 아직 작기 때문이다. 사람들이 아직 많이 알지 못한다. 훌라댄스가 있는 것조차 모른다. 특히 이 춤을 내가 출수 있는 것조차 엄두를 내지 못한다. 예쁘고 젊은 사람들이 하는 춤의 장르라고 생각한다. 그것은 보여주기에 익숙해진 우리들의 편견일 수 있다. 그것을 모든 사람이 즐길 수 있는 그 날이 머지않아 올 것이라는 확신이 든다. 누군가는 그 길에서 묵묵히 걸어가고 있으니까 가장 좋은 것을 주기 위해 열심히 배우면서 다듬어 가고 있으니 말이다. 바람직한 방향으로 흘러가기를 바랄 뿐이다. 갑자기 활활 타오르는 인기로 끝나는 것이 아니라 평생 즐기면서 춤을 추기를 바라는 마음이다. 그러하기에 더욱 기본에 충실해야 한다. 기본이 무너지면 다른 춤이 돼버린다. 이것저것 섞인 춤이 아닌 순수한 훌라댄스만 살아남았으면 좋겠다. 분명 그렇게 될 것이다. 모두가 좋아하는 그 순간을 위해 오늘도 내일도 훌라를 출 것이기 때문이다. 훌라의 아름다움을 전달하기 위해 몸을 만들고 생각을 정리해간다. 누가 먼저고 누가 나중인 것이 아닌 서로서로 도와가며 협력한다면 훌라댄스 대중화는 더 빨리 올 수 있다. 지금처럼 훌라를 사랑하는 마니아들이 많아지고 있으니 얼마나 다행인가 좋은 것은 서로 나누는 것은 당연한 이치이다.

훌라추며 인생에 훌라꽃 피워보자

나의 일주일 훌라일정을 정리했다. 매달 다이어리에 훌라 하는 날은 핑크 형광펜으로 네모 칸을 칠한다. 지난해는 화, 목, 금요일을 훌라 날로 정하고 오전 오후로 나누어 수업했다. 이번 연도엔 수요일 오전까지 추가되었다. 훌라수업이 많아지는 이유가 있다. 해보고 싶은 장르가 많아졌기 때문이다. 기초수업, 중급수업, 공연반, 시니어수업 등 내가 만나는 대상자가 모두 다르게 만나고 싶었다. 그럼 교육내용이 달라진다. 대상자에 따라 가르치는 방식도 다르다. 그런 데이터를 모으려고 일부러 수업을 잡는다. 예전에는 한 곡을 선정해서 한 달 수업을 끌고 갔다. 그래서 여기서도 저기서도 똑같은 곡으로 훌라를 했다. 그때 내가 결심한 것은 같은 곡을 반복해도 지루하지 않은 법을 연구해야 했다. 회원은 일주일에 한 번 그 곡을 배우니 재미있고 즐겁다. 하지만 나는 매일 그리고 한 달을 같은 곡을 추어야 하므로 매번 신선한 기분으로 춤을 추어야 한다. 강사는 똑같은 레퍼토리를 가지고도 재미있게 처음 하는 것처럼 춤을 추는 의무가 있고 그렇게 유지하는 방법을 깨달아야 한다. 그래야 오래 즐겁게 춤을 출 수 있다.

하와이훌라클럽은 개인적으로 회원을 모집해서 유지하는 형태이다. '누구나 배움학교' 또는 '50 플러스' 단기특강 형태의 수업에서 계속 훌라댄스를 배우고 싶은 회원들을 위해 만들었다. 10회 수업을 들어보니, 내게 딱 맞는 춤이라고 했다. 계속 배우는 방법을 물어보았다. 그래서 연구를 한 결과 동네 가까운 곳에 대관하고 회원에게 가르치기로 했다. 그래서 화, 금요일반이 생겼다. 오전 10시 30분에 모여서 90분 동안 수업을 한다. 훌라수업 시간은 약간 다르다. 충분히 몸을 풀어주고 기본스텝을 연습한다. 작품을 배우는 시간도 중요하지만, 기본스텝을 얼마나 충실히 하느냐에 따라 자기 성장이 이루어진다. 자신도 모르게 조금씩 생기는 몸 근육이 그때 만들어진다. 숨이 차지만 참으면서 끝까지 하려는 몸부림에서 근육은 만들어진다. 하지만 한 번에 무리하면 다치기 때문에 조금씩 조금씩 강도를 높이는 것이 중요하다. 자기도 모르게 몸이 가벼워지고 유연해지는 것을 느낄 것이다. 이것이 훌라댄스의 매력이다. 자연스럽게 두 번 수업하는 회원이 생겼다. 그래서 똑같은 수업을 하기보단 다른 작품을 배우면 흥미가 더 생길 것 같았다. 그래서 작품의 난이도를 달리했다. 자연스럽게 기초반, 중급반이 생기게 되었다. 회원들은 잘 모를 수 있다. 내가 스스로 규정하면서 차별화를 주기 때문이다. 잘 따라오는 회원들을 보면 아름답다. 대견하다. 이루 말할 수 없는 뿌듯함이 거울에 비친 회원들의 움직임에서 느낀다. 끝까지 잘 하려고 용을 쓰는 모습에서 순간 나의 마음에 웃음이 생긴다. 미소를 지으면 춤을 추어야 하므로 평소 연습하지 않으면 표정이 부자연스럽다. 그래서 웃으라고 하면 따라 하랴 웃으랴 바쁜 회원들의 모습에서 또 한 번 웃는다. 한 사람 한 사람이 소중하다. 이들에게서 배우는 인생의 꽃, 훌라 꽃이 피는 순간이다. 알록달록 예쁜 파우처럼 모두 한가지 색이 아닌 서로 다른 인생의 꽃을 피우고 있는 듯 느껴진다. 물론 그 순간의 기쁨이 얼마 가겠는가 하지만 계속 누적이 되면 달라진다. 내 인생의 숨 쉴 수 있는 공간이 있다는 것이 얼마나 중요한지 모른다. 한번 활짝 웃고 가면 그 몸에서 맴도는 에너지가 조금 더 살아가는 힘이 생기지 않을까 하지 않으면 찝찝해지도록 만들기까지가 중요하다. 내 몸이 원하는 것부터 해주기 위해 우선순위를 정리하게 된다.

공연단이 생겼다. 하와이훌라클럽에서 파생된 또 하나의 형태가 있다. 공연만을 위해 특별히 연습하는 단체이다. 나의 목표는 훌라댄스 대중화라고 말한다. 취미로 하는 우리만의 수업은 만들어졌다. 조금씩 다양한 회원들을 만나면서 점점 확대되면 목표는 이루어질 것으로 생각했다. 하지만 춤의 꽃은 무대에서 만들어진다. 작품을 제대로 표현하기 위해 알맞은 의상을 입고 다양한 장신구를 하고 잘 구상한 작품을 보여줌으로써 완성도가 생긴다. 그래서 공연단을 만들었다. 말 그대로 공연을 위한 단체이다. 짜임새 있게 작품을 재해석하고 자리를 잘 배치해서 구상하면서 완성된 공연을 하게 되면 훌라댄스의 묘미를 느낄 수 있다. 훌라댄스는 혼자서 춤을 출 수 있지만 여럿이 함께한 몸이 춤을 추는 것처럼 물 흐르듯 추는 춤은 정말 아름답다. 그래서 군무의 매력은 한사람 개개인의 독특한 개성이 살아있으면서 한 몸처럼 느껴지는 하모니이다. 파도처럼 넘실거리는 듯 강렬하게 때론 부드럽게 흘러간다. 그러려면 한 곡을 집중적으로 파고들어 연습해야 한다. 세세한 동작의 설명을 하면서 호흡을 다듬어야 한다. 일반 수업시간에 그렇게 진행했다간 모두 떠날 것이다. 힘들어서 섬세함을 잡아가면서 하기엔 개인차가 너무 심하다. 하지만 공연단에 자원해서 들어온 만큼 조금 잔소리를 하면서 할 수 있다. 하루아침에 자신의 춤사위가 변하지 않는다. 서서히 자신의 습성이 사라지고 어느새 모두가 하나가 되는 그 순간이 생길 것이다. 그러기에 시작은 중요하다. 내게 집중할 수 있는 훌라 꽃을 피우기 위해 공연단 2개를 만들었다. 일반 훌라 공연단, 훌라워십 공연단이다. 성격은 완전 다르다. 표현해야 할 곡이 다르기 때문이다. 내게 있어 숙제는 화합이다. 자원해서 신청한 그들의 마음을 하나로 만들어서 하모니를 만드는 것이다. 공연이라는 하나의 목표로 만들어야 할 아름다운 우리만의 독특한 색을 만들기 위해 서로를 알아가야 하는 시간이 필요하다. 춤도 하나의 유기적인 생명체라고 생각하면 먼저는 호흡이 중요하다. 살아 숨 쉬는 역동력은 손, 발의 표현으로 부족하다. 호흡이 따라가지 않으면 어떠한 것도 밋밋하다. 숨을 들이마시고 내쉬는 적적한 타이밍이 춤을 살아있게 만든다. 그러기 위해 서로의 호흡을 맞추는 것이 중요하다. 마음을 합하고 몸을 합하고 호흡을 합할 때 많이 진정한 공연단이 된다. 그러기 위해 다듬어져야 한다. 한 번의 연습으론 될 수 없다. 아무리 잘 추는 한 명이 있다고 해도 화합은 만들어지지 않는다. 춤의 하모니를 만들기 위해선 땀이 정답이다. 시간을 들여서 만든 땀의 흔적이 아름다운 춤의 하모니를 만들고 대중들에게 감동을 줄 수 있다. 눈앞에서의 화려함보단 내면을 울리는 마음의 단아함이 어쩜 진하게 오래 남을 것이다.

나의 인생에 꿈이 생겼다. 훌라댄스의 대중화로 훌라 꽃을 피우기 위해 나는 무엇을 해야 하는가 곱씹어 생각했다. 내가 할 수 있는 일이 무엇일까? 내가 꼭 해야 할 사명은 무엇일까? 늘 생각했다. 지금 당장 이루지 않아도 5년 10년 후의 내가 그릴 그림은 과연 무엇일까? 그것은 나와 같은 아바타를 만드는 것이다. 나 혼자만 아무리 애를 써도 될 수 없는 일을 협력해서 여러 사람이 사방으로 흩어져서 제대로 훌라댄스를 가르치면 좋겠다는 생각을 한다. 아주 멋진 큰 그림을 그려놓고 지금부터 한 발 한 발 만들어가고 있다. 어떻게 보면 그것이 점점 선명하게 보인다. 때가 되어서 하나하나 이루어지는 느낌이다. 물론 결단이 필요했다. 편하게 살 수 있고 가르칠 수 있는데 왜 일을 벌이고 있는지 수업만 충실히 하면 되었다. 하지만 공연단을 만들어 작품 구상하고 가르치는데 온통 에너지를 쓰고 있었다. 그래서 이석증이 왔다. 무리했다는 생각이 든다. 하지만 이때 하지 않으면 할 수 없는 일이기에 일정에서 자꾸 끼워 넣는다. 요리조리 맞추어본다. 이것은 당장은 어렵지만, 나중엔 꼭 필요한 요소라는 생각이 들 때면 지금 해야만 되었다. 처음 틀을 잡기 위해 엄청난 에너지로 기획했다. 실행하고 또 시스템을 만들기 위해서 애를 썼다. 그런 노력은 앞으로 계속될 것이다. 그것이 회원을 위한 길이기 때문이다. 없는 것을 만들어서 새로운 감동과 기쁨을 주는 것이 어쩜 내가 해야 할 일이기 때문이다.

　나의 인생에 훌라 꽃이 피었다. 꽃봉오리로 오래 품고 자라고 싶었던 그때가 있었다. 언제나 필까? 그때가 오기까지 얼마나 많은 시간을 돌고 돌았는지 모르겠다. 이제야 내 옷을 제대로 입은 느낌이다. 내 색을 만들기 위해 또 기쁨의 몸부림을 하고 있다. 한 번쯤 피워야 할 꽃이 있다면 제대로 피었으면 좋겠다. 피다만 꽃이 아닌 제대로 활짝 피어서 한점의 아쉬움도 미련도 없이 활짝 홀라 꽃을 피워보고 싶다. 아픔도 슬픔도 기쁨도 만족도 활짝 핀 꽃 안에 담겨 있다. 그 향기가 누군가에겐 희망으로 다가가기를 소망해본다. 우리 모두의 꽃은 반드시 피어난다. 인생 꽃 나만의 꽃을 피워보자! 당당하게 아름답게 햇살을 머금은 채 반짝이며 우주의 기운을 머금은 채 활짝 피워보자!

내 인생 홀라꽃이 피었습니다

초판 1쇄 발행 | 2025년 9월 8일

지은이 | 김경부
펴낸이 | 김지연
펴낸곳 | 생각의빛

출판등록 | 2018년 8월 6일 제 406-2018-000094호

ISBN |979-11-6814-121-6 (03810)

원고 투고 | sangkac@nate.com
블로그 | blog.naver.com/sangkac

* 값 18,900원